方天龍實戰秘笈 ③

你抓得住漲停板嗎?

目 錄

目錄

6878 點果然沒有跌破！

　　實戰秘笈已經出兩本：《你的選股夠犀利嗎？》、《你的股票買賣時機精準嗎？》，前者講的是研判能力比計算籌碼更重要，後者則強調交易時機比選股更重要。兩本書均受讀者極大的好評，使筆者忍不住端出更好的大菜，本書是坊間少見的「漲停板大研究」。

　　既然是「實戰秘笈」當然不是純理論，而是針對最新的行情提出研判、解說，才叫做「秘笈」。展現實戰能力最大的困難是，當引用最新截稿日之前的個股實例時，行情仍在走動中，萬一行情發展和書上所說有太大的落差，會很尷尬的，故非有預測能力不可。

　　以上提到的兩本書，內容都有很多筆者獨家的心得，不是一般所謂的名人「暢銷書」看得到的。舉例來說，在《你的股票買賣時機精準嗎？》第169頁起，筆者提到「缺口理論」，表面上看來，這似乎不算什麼新的理論，但我相信很多人對這個理論是很迷糊的，而我卻認為這個理論常是判斷股價強弱的重要指標之

一，如果研究得夠透徹，甚至可以判斷未來的走勢或高低點。很多專家用很「高深」的理論，講得聽者昏昏欲睡，結果不是講者語焉不詳，就是聽者一知半解。而我卻用最詳細的圖解（圖7-5），一筆不苟地將大盤的最新日線圖加以拆解，把每個「缺口」都一一界定它是屬於什麼缺口。這才是毫不含糊的解說，讓讀者真正學到東西。該書第172頁，筆者下了一段最大膽的論斷：

> ……筆者認為 2011 年 12 月 20 日的高點 6696.93 點到 2011 年 12 月 21 日的低點 6878.63 之間的缺口，未來應該不會被回補。簡單地說，大盤將不應該跌破 6696 點才對！
> （2012 年 5 月 17 日加權指數已經從 8170 點下跌到 7234 點了，大家拭目以待吧！）

請讀者「拭目以待」？這是多麼冒險的預測呀！

現在謎底揭曉！該書出版後，行情恐怖地盤跌著，許多投顧老師都說底部是「深不可測」。結果：從 8170 點下挫到 2012 年 6 月 4 日最低的 6857.35 點，收盤是 6894.66 點，竟然沒有跌破 6878 點！

筆者的論斷被證實了！ 2012 年 6 月 5 日的第二天起至今，至少短期內已經找不到更低點了。

其實，股市原本是不可測的。股神巴菲特是有史以來，純以操作股票獲利最多的人，然而金融海嘯一來，他整整損失了 250 億美元，佔其財富的四成！

台股是世界上波動幅度最大的市場之一，如果行情可以預測，那麼台灣早在二十年前就產生無數個「世界首富」了！我們看，1990 年 2 月台股的 12682 歷史高點，是從 600 點漲上來的；1990 年 10 月台股的 2485 大底，是從 12682 高點跌下來的。兩者的漲與跌，都超過了萬點。若有人能準確預測就是世界首富了！

股市為什麼不可測呢？因為股市是一個極敏感的市場，而影響價格變化的因素又極複雜，絕非只是數字的數學遊戲，從來就沒有超級天才能設計出一套百發百中的公式來。因此，我們只能說股市是「賭機率」，多少有些「不準度」。

物理學上有一個「測不準定律」(The Uncertainty Principle)，是近代物理大師海森堡提出的。意思是說，如果您觀察的粒子很小，那麼由於您的觀測行為會影響這個粒子的運動，當您「看到」這個粒子的時候，那個粒子其實已經不在原來的地方了。

　　在股市投資時，也可以用「測不準定律」來看待。所以，預測行情是傻蛋做的事。然而，筆者不是傻蛋，為何每天花這麼多時間去研究技術分析呢？因為筆者抱持的是不一樣的心情在做研究。我的研究不像物理學家，而比較像醫學家，我不只是觀察股市的物理現象而已，而是尋找的各種技術分析的「解藥」！就好比說，現代醫學仍然無法治療絕症；但新的特效藥卻也不斷被開發出來，而且有許多過去難治的疾病，如今已一再地被突破，而有了治癒希望。當一種藥物不行時，再換一種方式解決。各種方法都治不了時，還可以用「雞尾酒法」或中西醫合併治療。拋棄本位主義，只求達成醫療目的，最後往往能夠成功。醫學既然能與時俱進，股市的技術分析自然也可以慢慢掌握訣竅。這就是我們努力研究的回報！

　　我對股市「漲停板」的研究，就是抱持這種尋求破解之道的夢想。

我相信，總有一些方法值得研究。當技術分析解決不了時，也不該囿於本位主義，舉凡基本面、獲利面、消息面……等等，都應容許成為解決問題的工具。尤其目前上市加上櫃，超過 1200 檔股票，透過電視牆尋找操作標的，不啻是緣木求魚。只有在內心裡已經具備一些「秘笈」，才能在極短時間擄獲當天利潤最大化的漲停板！

筆者曾經針對某些事先做功課所鎖定的個股，選擇最有可能拉上漲停的股票介入，竟然發現屢有所獲。許多來信經我建檔完備的讀者，常常收到我的即時 E-mail 通知而驚嘆不已，以為我有什麼「內幕」消息，其實這完全是來自看盤功力。我每天花十幾個小時，無非都在關注漲停板股票背後的成功因素，以及這些股票在大漲前所具備的條件、曾經出現什麼樣的 K 線組合變化、成功率有多高，再歸納出各種勝利基因，然後在盤中密切注意這些股票的動作，就這麼簡單地

成功了。這和醫學突破一樣，特效藥不是一次發明完全的，您得有耐心繼續看我寫的書。筆者的後半輩子將全部貢獻在股票操作的研究上！越是新寫的書，越是成熟！如果您無法從這本書獲得一些啟示，未來我的新書或講座，也可能透露更高的機密，敬請拭目以待。

　　漲停板固然是一劑強心針，卻並非沒有副作用。這是本書最想帶給讀者的概念。從醫學角度來看，很多可口的東西，常常是甜度太多、膽固醇太高，未必有利於養生。漲停板也是一把雙刃劍，玩得不好，仍可能受傷。究竟用什麼方法才能預判，哪一檔股票收盤可能漲停板？什麼樣的漲停板能追？什麼樣的漲停板不能追？這裡面的學問不小。渴望從一本只賣幾百元的書得到精髓嗎？

　　請跟我來！

方天龍

方天龍信箱：kissbook@sina.com

方天龍 blog：http://blog.sina.com.cn/tinlung8

股票超入門系列叢書

【訂購資訊】　http://www.book2000.com.tw

郵局劃撥：帳號/19329140　戶名/恆兆文化有限公司

ATM匯款：銀行/合作金庫(代碼006)/三興分行/1405-717-327091

貨到付款：請來電洽詢　TEL 02-27369882　FAX 02-27338407

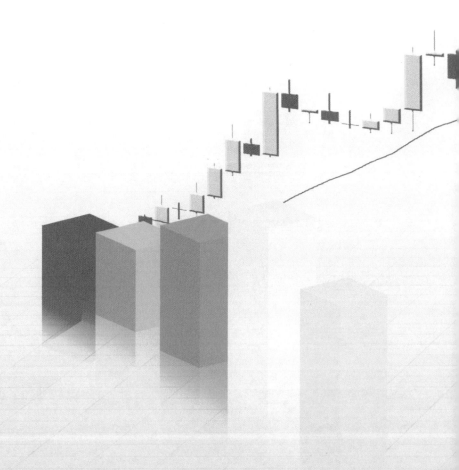

Chapter 1

你真的懂
　　漲停板嗎？

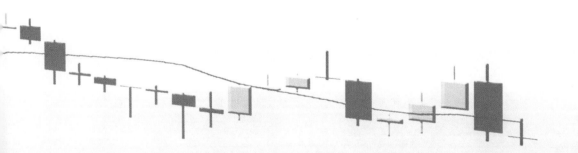

01 拿捏漲停板，要狠、穩、準！

兄弟兩人前去打獵，在路上遇到了一隻離群的大雁，兩人同時拉弓搭箭，準備射雁。這時哥哥突然說：「把雁射下來後，就煮著吃。」

弟弟表示反對，爭辯地說：「家鵝煮著吃好，雁還是烤著吃好！」

兩人爭來爭去，一直沒有達成一致的意見。

他們的爭論被路經此處的一個打柴的村夫聽到了，村夫笑著說：「這有什麼好吵的呢？一半拿來蒸，一半拿來煮，不就行了！」

兄弟倆停止了爭吵，再次拉弓搭箭，可是大雁早已沒有了影子。

　　這樣的故事和分蛋糕的理論是類似的，假設桌子上放著一個冰淇淋蛋糕，兩個小孩——小華和小明在為分配的事爭執不休，冰淇淋蛋糕卻在此時不斷地融化。同樣的道理，在行情不好或混沌不明的情況下，這樣的故事的確可以應用到股票的操作上。例如，當一檔股票大買單不斷湧進時，您是否見獵心喜，急於跟著買進？大家都知道，「低

買高賣」是股市賺錢的不二法門。問題是，你怎麼知道你現在買進成交的股價就是低點？你怎麼知道買進之後，待會兒一定有高價可以供你賣出？

　　還有，「大買單不斷地湧進來」結果會是漲停板嗎？會不會在你猶豫不決的時候，突然轉為「大賣單不斷地釋出」呢？到最後，就如同故事中的「大雁早已沒有了影子」，也就是漲停板變成了平高盤，甚至跌到平盤以下了呢？

　　股票的操作，輸贏關鍵就是「研判是否正確」、「選擇是否精準」。其次，就是操作的時機是否不快不慢，恰到好處。

　　所以，要玩漲停板，可要狠、穩、準才行！

▶Point *02* 股本越小越難捉摸，容易出意外

　　本書屬於「進階型」的技術叢書，所以在此不講「漲停板」的來龍去脈、歷史淵源，以及基本規定，而只能用「個股7%的一日漲幅」作為它的注腳。至於為什麼不同時講跌停板呢？因為筆者認為這兩者之間的條件，雖然類似，卻有不同的背景和效能。大抵來說，「跌停板」的底線——「會不會打到7%的跌幅？」較難掌握。因為目前台

股的主管機構對「漲、跌停板」的規定還是有些差別待遇。所以，一般散戶都以「做多」為主。當大家的心態多屬於做多時，主力只要用力一拉，個股的股價就很容易漲停板了。而且根據我們的經驗，連續漲停板之後，常常隱藏著大行情（當然也有例外，本書在其他篇幅將做說明）；而連續跌停板之後，卻常常有轉強的可能，不常作空的人一旦放空，往往非常不安心，擔心被新來的主力軋上「漲停板」！

此外，跌停板的放空操作也受限於「平盤下不得放空」的規定，所以我們對待「跌停板」往往沒有「漲停板」那麼輕鬆自如。於是，本書就先以漲停板為主軸，把漲停板的學問搞懂再說吧！「未知生，焉知死？」不了解漲停板，學什麼跌停板？

每一檔股票，都有漲停板的機會，就看它是在什麼位置、什麼樣的時機，以及背後有沒有大資金進入。

根據筆者的經驗，主力操作中小型的股票比較俐落，把股票拱上漲停板的機會較大，但出現"意外"的機會也大；而大型股並非沒有可能漲停板，但通常主力投入的資金和動作都必需非常大，所以，當天會不會漲停板，反而比較容易捉摸。

至於漲停板，有哪些特性呢？大致有以下幾點：

一、股本小的股票容易漲停，但不穩定：

操作股票當然要有「先見之明」，如果低檔沒追到的漲停板，就別追了。很多人見漲就追，不料追到漲停板，隔天卻開低走低，連賣都不好賣。這種風險，咱們這些老兵可看慣了！尤其目前市場上有所謂「╳╳幫」的「隔日沖」大戶群，他們挾大資金把股票拉上漲停板，隔一天只要有個 1 ～ 2% 的利潤就溜掉了。結果剛開始這樣操作時確實有效，跟進漲停板的人確實很多。但現在已經失靈！筆者研究過，他們在多頭時期果然賺得飽飽的，可是在盤整期經常出不掉，否則就是大家搶著在衝出窄門時因為互相踐踏而利潤全無，甚至被迫認賠。關於這方面的實例，筆者也蒐集了不少。我的結論是：同一個戲法玩多了，就沒戲唱。所以，一定要有「先見之明」，在低檔就要上車；如果低檔沒追到漲停板，就別追了。

能在一檔收漲停的股票半路攔截上車，就是成功的保證。因為至少你的成本已經和市價拉開了距離，明天萬一所有股票都大跌，或這檔股票正要起跌，你仍有機會獲利逃生。如果你追到的是漲停板的價位，可就不一定了！

先來看看漲停板的實例：

2012 年 6 月 13 日，筆者在盤中看到商丞（8277）的走勢，立刻買進，就在上午 9 時 25 分 30 秒成交於 18.8 元。買完以後，它並未直接拉到漲停板，而是在 19.1 元附近打住，還往下彎，甚至有多

次返回 18.75 元，但仍在上午 11 時之前衝上漲停板！之後就沒再打開漲停板，因此它的收盤就是漲停板價位──19.4 元。

圖 1-1　2012 年 6 月 13 日商丞（8277）的分時走勢圖　（圖片資料來源：作者提供）

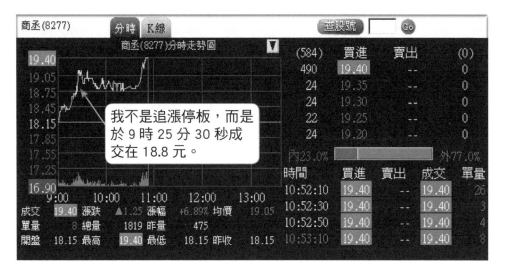

圖 1-2　2012 年 6 月 13 日筆者的成交回報單　（圖片資料來源：作者提供）

　　這是我盤中的截圖，可見得筆者看盤不是「馬後炮」，而是「先見之明」。我們要研究的，正是這種「先見之明」！

03 **介不介入？以長線眼光審視後決定**

二、買漲停板最好看長做短，安全第一：

　　如果你常常在追蹤漲停板，將會發現，漲停板之後的日線圖突然變樂觀了。例如由於漲停板的關係，當天的寶塔線就變紅了，RSI 的短天期線向上穿越了長天期線……等等，彷彿所有的技術指標都變好了。可是，如果跟著這樣樂觀的氣氛而把所有資金押上去，結果並非那麼一回事。到時，一定會怪技術分析不準。其實那是只知其一、不知其二的結果。實際上，很多股票並非照技術分析的步驟，原因是有「人為」的色彩。這種「人為」的破壞技術線型，正是內行人才知道的「不傳之秘」。

　　那麼，如何避免在「人為」的破壞技術線型下，保全自己，不為所害呢？最好就是秉持「看長做短，安全第一」的理念，做好自己，休管主力的閒事，更不必老是在受騙之後怨聲載道。要怪，只能怪自己學藝不精！

　　攔截漲停板，是一把兩刃刀，如果大盤趨勢向上，也許樂觀其成；萬一趨勢向下，個股硬要做多，常常會有「意外」產生，有時會突然由高處急轉直下，本來贏錢變成了輸錢，讓你跺腳不已。所以，如果你觀察一檔個股，絕不能衝動，而應先看看它的技術指標、它的位置。

也就是說，你必須確認明天它會漲還是跌。能夠確定就值得買進，否則不要躁進！

圖 1-3　2012 年 6 月 13 日大盤的歷史位置

（圖片資料來源：XQ 全球贏家）

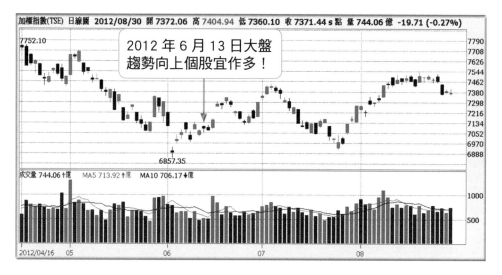

我們就以 2012 年 6 月 13 日商丞（8277）為例吧！這一天的「大盤」（見圖 1-3），趨勢向上，宜於做多；而商丞的歷史位置（見圖 1-4）也是安全的，所以可以做多。那一天我看它的表現很強，就期待它會漲停板收盤！我想，在「看長做短」的原則下，萬一收盤沒有漲停板，也不會慘敗。這就是「進可攻（漲停板），退可守（價穩量縮）」的好標的！

重視大盤趨勢，才能以「長線」保護「短線」！

圖 1-4　2012 年 6 月 13 日商丞（8277）的歷史位置　（圖片資料來源：XQ 全球贏家）

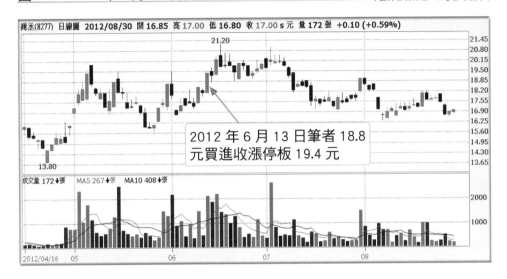

2012 年 6 月 13 日筆者 18.8 元買進收漲停板 19.4 元

▶Point **04**　**漲停板股票常先蹲後跳，宜有耐心**

三、漲停板股票常先蹲後跳，可賺價差：

　　其實玩小型股，就像養一頭西藏獒犬一樣，不懂的人看它頭大如獅、毛黑遮臉，狀似非常恐怖，但能駕馭牠的主人，卻覺得牠忠心耿耿，非常喜愛。小型股最怕的是由實力不夠的主力掌舵，盤整時他每次出手都是一張、兩張地買，真急死人了；一遇行情不好，卻都是十張、百張在賣，你會恨得牙癢癢的。相反的，如果遇到有實力的主力

玩它，我們在搭上便車之後，就很有快感了。

圖 1-5 2012 年過了五月中旬之後，一直是多頭行情 　　（圖片資料來源：XQ 全球贏家）

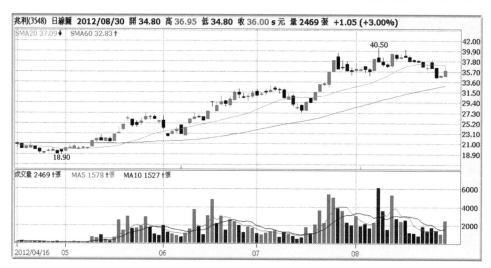

　　例如兆利（3548）便是一檔股本只有 5.06 億元的小型股。它是一家 2008 年 3 月 27 日才上市的上市公司電子股，也是 Apple 概念股和台灣模具沖壓指標股之一。所以籌碼還算穩定，股價的淨值比也不高，只有 0.85；股價營收比則是 1.68。儘管融資成數只有 4 成、融券成數甚至高達 100%，但是股性還不錯。2012 年以來，投資報酬率（計算到 8 月 27 日）已達 121.18%。巴菲特最重視的「股東權益報酬率」，兆利的數據為 2.56%。

兆利在 2012 年過了五月中旬之後，一直是「多頭行情」（見圖 1-5）。它的股本小，股市新手很不容易捉摸；要漲要跌，往往是主力說了算。但是，據我觀察，它經常有事沒事就來個「開高走低」（見圖 1-6），所以捕捉它的漲停板，要懂得「下車」之道，否則你會白忙了。圖 1-6 是兆利 2012 年 8 月 27 日的分時走勢圖，可說是它最典型的走勢。

圖 1-6　兆利 2012 年 8 月 27 日的分時走勢圖　　　　（圖片資料來源：XQ 全球贏家）

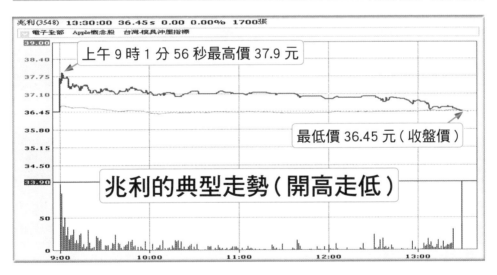

　　儘管「開高走低」是兆利最常見的「經典走勢」，但是筆者偶而也把它當藏獒養著，而且屢見奇功。只要懂它的股性，「做多」一樣能夠賺錢。

怎麼賺錢呢？

就是「先賣後買」做當沖，賺取差價。說得詳細一點吧！因為有些股市新手的讀者還不十分了解「融資融券」的操作（筆者著有專書探討，詳見《股票超入門11－融資融券》一書），常常問我。在此解釋一下：

❶　如果你手上有10張「兆利」的股票（先前用融資買的），則是先以「融資」高價賣掉10張兆利股票；到尾盤再以「融資」低價買回10張兆利股票。這樣你的手上就還有10張兆利的股票，同時也賺到了差價。萬一隔一天兆利又大漲時，就不必後悔了。大可用「融資」把它賣光，不必買回（當然，如果看好後市，也可以繼續買回持有）。

❷　如果你手上沒有兆利的股票，同時又預判它可能開高走低的話，就先用「融券」在高價時放空10張兆利股票；到尾盤再以「融資」低價買回10張兆利股票。這樣一來，到收盤結算時可以融資、融券相抵（必須買賣張數一樣），這就是「當日沖銷」，簡稱「當沖」。如此，你也是賺到差價了。同時，在這過程中，並無需付出任何抵押品，所以有如做「無本生意」。

筆者在2012年8月6日，就是採取 ❶ 的做法。

據說採取 ❶ 的做法，比採取 ❷ 的做法所用的成本低一些。但

也有缺點，就是當你賺過一趟之後，第二趟的成本自然變高了，便很容易被「短套」，那可要有耐心等「解套」才行。

而採取 ❷ 的做法，在心裡上比較好一點，因為你的庫存股票不動，而股價越來越高時，會有「暗爽」的感覺！但那其實也不過是尚未實現的利益而已，和 ❶ 的做法其實是差不多的。

當天之前，我就已經持有低價買的「兆利」（3548）和「新唐」（4919）股票各若干張了。到了這天，我還沒開盤就已經未卜先知這兩檔股票走勢了（因為前一天晚上做過功課），所以盤前就先掛「融資」的賣單，果然如我所料，我都賣到第一筆的高價了。「兆利」賣到的正是當天的最高價36.85元，「新唐」賣到的是次高價39.2元（最高39.5元）。到上午10時37分8秒，我先以融資同樣張數的股票買回「兆利」，成交價是35.55元；到了下午1時13分1秒，再以融資同樣張數的股票買回「兆利」，成交價是37.25元。

這兩筆買賣，我都賺到了價差！（請看圖1-7和圖1-8）至於究竟用融資，還是融券方式買賣，請細看筆者2012年8月6日盤後的成交回報單（圖1-9）。

只要仔細看看，那上面連股票的買賣的詳細時間、成交的明確價格，以及所採用的是融資還是融券、買還是賣，完全一清二楚，毫不含糊。

圖 1-7 作者實際買賣「兆利」股票的現身說法

（圖片資料來源：作者提供）

圖 1-8 作者實際買賣「新唐」股票的現身說法

（圖片資料來源：作者提供）

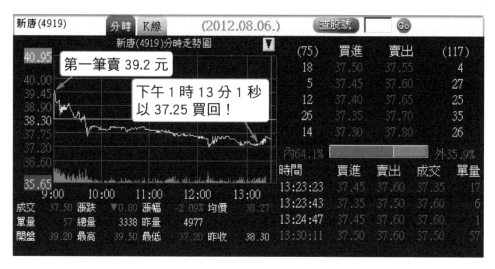

圖 1-9　2012 年作者買賣股票的成交回報單 （圖片資料來源：作者提供）

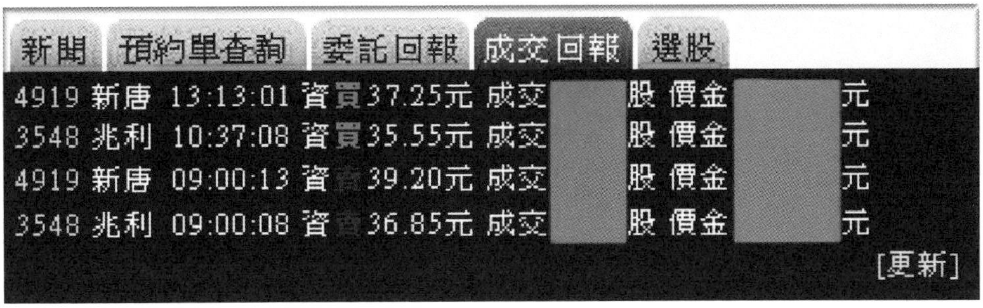

採高出低進法，天天賺差價。(2012.08.06 作者方天龍成交單)

▶ *Point* **05　抱漲停板股票，先鑑定其前途**

四、漲停板股票有好也有壞，要看籌碼：

　　有時你會逮到一檔「因誤會而結合」、「因了解而分開」的股票，那就應該勇於做出抉擇，小賺就放手，才不會成為燙手山芋。至於如何看待漲停板股票的好壞，當然也要研究它的籌碼了，看看是誰在買股票、誰在賣股票，才曉得這檔股票的未來命運。看對了，就要有耐性地等待收成；萬一看錯了，就得小幅停利──有賺就出掉！

　　舉個實例：2012 年 8 月 14 日，筆者在同一天買了兩檔股票，收盤都漲停板。其中一檔是兆利，一檔是聲寶。兆利是我比較熟悉的

股票，我在上午 9 時 39 分 48 秒就買進一筆「兆利」股票，成交在 37.4 元；後來發現買對了，因為當天的主力用力非常明顯（從量的擴增、外盤成交的特徵，可以看出來），於是我又在上午 9 時 56 分 29 秒，加碼買進一筆「兆利」股票，成交在 38.3 元。

這兩筆成交以後，我就不追了。

收盤前「兆利」亮燈漲停時，我把這兩筆兆利股票加起來的張數，以一筆「融券」的方式把它軋掉了（也就是當日沖銷）。

為什麼當沖掉呢？

因為我手上還有股票，所以只賺差價即可。

至於聲寶呢？買的價格就偏高了，因為早盤它衝得太快了。它開得很高（9.5 元），還攻得很快，幾乎不到五分鐘就快拉漲停了。我趁它休息疲軟時買進幾張，結果成交在上午 10 時 15 分 44 秒，價格是 9.86 元。但是，這檔股票漲停是 10 元。依我的買價乘以 1.007（手續費加分離課稅），只要 9.93 元以上就可以獲利了。但我卻沒把它當沖賣了。倒不是因為價差太小，我沒出掉，是因為我手上沒股票，萬一明天又大幅上漲，一定會讓人後悔的。

筆者盤後研究了籌碼，才知這檔股票不是理想的標的，所以我很快就在幾天後選一個高點出掉了。

我不想玩了！主要是發現一位知名的主力，他似乎也把這檔股票

當「一夜情」的對象！^_^

　　他在 8 月 14 日買千餘張，均價是 9.98 元（尤其 10 元買進 900 張），卻在次日（8 月 15 日）以 9.84 元賣掉 982 張；8 月 16 日以 9.97 元再賣 53 張。

　　由此推斷，這檔股票不會有好前途，所以我就認定這不是好股票（所謂好壞，在此是指能否賺錢的概念，與公司形象無關）。

　　但是，我必須強調，即使股票專業軟體有較詳細的主力進出資料，如果不曉得內幕，仍難保證知悉主力的真相。因為在我的研究中，8 月 14 日最大的賣方也是出手千餘張，而且他賣出 1374 張的聲寶股票，成交價平均是 9.99 元的高價，尤其他居然能在 10 元處賣掉 1243 張，非常可疑。不瞞您說，我認為這和前述的知名主力或許有「犯意的連絡」，亦未可知。說得明白一點，這位空方老大，也有可能是多方老大的分身。如果猜得不錯的話，主力真的太可怕了！在甲券商買巨額股票，卻在乙券商賣出巨額股票，人不知鬼不覺。難怪肯在甲券商認賠。

　　由於無法了解這檔股票主力的投資邏輯（為何認賠），所以後來我很快就把聲寶獲利了結了。這一套思維的啟示，就是：當你無法看懂一檔股票的花樣（無法知悉內幕）時，最好是放棄，因為股市有上千檔股票可供你選擇，何必獨戀這支花呢？

圖 1-10 （圖片資料來源：作者提供）

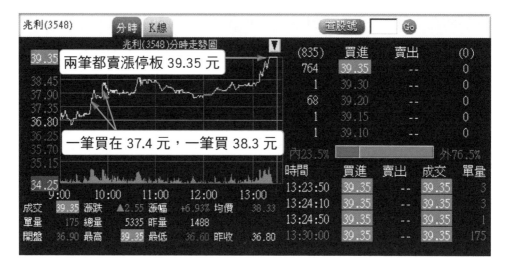

圖 1-11 （圖片資料來源：作者提供）

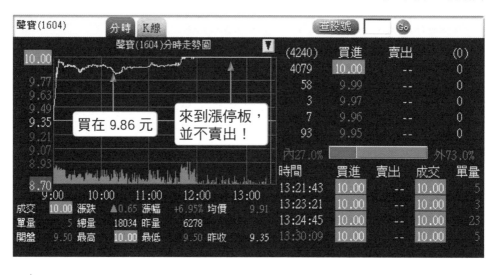

圖 1-12　這是筆者 2012 年 8 月 14 日的成交單　　　（圖片資料來源：作者提供）

| 新聞 | 預約單查詢 | 委託回報 | 成交回報 | 選股 |

3548 兆利	13:21:10 券	39.35元 成交	股 價 金	元
1604 聲寶	10:15:44 資買 9.86元 成交	股 價 金	元
3548 兆利	09:56:29 資買 38.30元 成交	股 價 金	元
3548 兆利	09:39:48 資買 37.40元 成交	股 價 金	元

[更新]

先後買兩筆兆利，漲停板一次全沖掉，因為還有庫存。聲寶雖然漲停板卻不沖掉，因為沒有庫存股票。

▶ Point *06* 漲停板與價量關係，關鍵在於位置

五、飆股會不會再繼續狂飆，看量表現：

見過開盤漲停板的股票，收盤卻跌停板嗎？

我想，大部分人都見過的，如果不知道一檔股票的歷史位置和價量關係，就不要貿然買進或賣出，否則常常會給你這種「意外」。

舉個例子來說，2012 年 8 月 24 日的「信億」（3126），就有這種案例。這是一檔上市公司電子股，也是雲端運算的概念股。它沒有融資融券，只能以現股買賣。股本才 4.83 億，是標準的小型股。每天的成交量都不大。

請看圖 1-13，這是「信億」2012 年 8 月 24 日的分時走勢圖。
開盤漲停板 22.55 元，收盤卻只剩 19.65 元（跌停板）了！

圖 1-13　　　　　　　　　　　　　　　　　　　　　　（圖片資料來源：XQ 全球贏家）

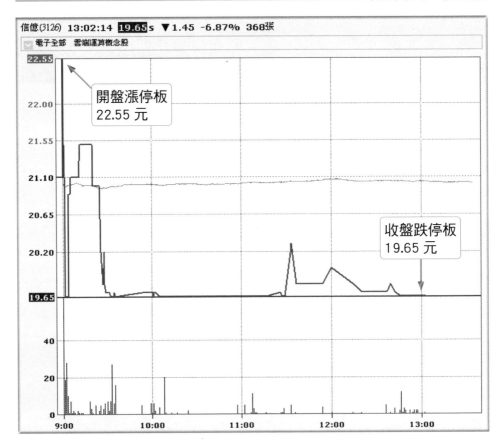

「信億」為什麼會由開盤的跳空漲停，卻無法善終呢？

因為「漲多了」！

到底漲多少，才算是漲多了呢？不要問我「數據」，筆者操盤很不喜歡依據所謂「學院派」的數據，那些冠冕堂皇的資料全是唬人用的，真正拿來操盤，你會發現全都作廢了！我的建議是：依照實際情況，跟著感覺走，反而容易準確。這就像學開車的「進入停車位置」一樣，教練說「向右打兩圈…」只是一個原則，有時真實的場地並不一致、你使用的車型也不一樣，反而靠你自己的經驗比較切合實用。

　　不過，要知道某一檔股票什麼時候漲多了，也不是沒有依據的，建議：

(1)打開它的日線圖，看看它目前正處於什麼位置，距離底部區有多遠。

(2)查查它的成交量，看看這一檔股票的價量關係，是在底部還是頭部。

(3)瞧瞧它的主力群，看看究竟是何方神聖買股票，才知未來如何變化。

　　我們現在就以「信億」（3126）為例，根據上面的問題來作答。請看圖 1-14。

(1)從信億的日線圖可知道，2012 年 8 月 24 日它已經處在底部區上來的第七個漲停板（含當天最高點）了！七個漲停板算不算「漲多了」呢？

(2)「信億」在2012年8月24日這天的成交量是369張,而2012
年5月25日成交量是328張,這兩處是圖1-14這張日線圖中最
大的兩個「巨量」。從這裡可以看出,2012年5月25日量大而
跌(跌幅2.53%)和2012年8月24日的量大而跌(跌幅6.87%),
其實是有著不相同的意義。2012年5月25日這天之前,由於已
經「跌了一大段」了,所以這裡的「量大」是好事,準備向上了;
而2012年8月24日這天之前,由於已經「漲了一大段」了,所
以這裡的「量大」是壞事,準備休息了。這樣的研判方法,關係到
我們的抉擇,不可不明。

圖 1-14　　　　　　　　　　　　　　　　　　　（圖片資料來源:XQ 全球贏家)

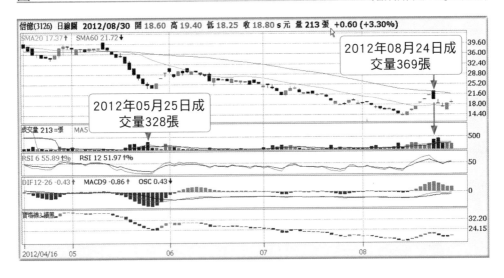

(3)瞧瞧它的主力群、看是何方神聖買的股票,這是比較廣泛的方法,
如果你有報紙就看看記者打聽到的訊息,某一檔股票的主力是誰;
如果你有電腦,就看看「股市觀測站」和網站資訊,看看法人、主
力進出的訊息;如果有股票專業軟體,也可以查查哪些券商在買賣
某些股票。以「信億」來說,因為主力太小咖了、也沒什麼特殊的
大單或投資理念,所以不值得深究,直接在行情表看看即可。

▶ Point 07 出手要快,飆股的三個買點

　　大家都夢想買到狂飆的股票,來改變自己的命運。資深的股友,
早年多半曾經接觸過狂飆的股票吧?啊!那真是瘋狂的年代,一檔股
票狂飆幾十支漲停板,並不罕見;股票暴跌,官方甚至還請四大天王
吃飯、由「愛國大戶」護盤。可惜那時我們(包括筆者在內)多半才
剛出道,什麼都不懂;現在,什麼都懂了,卻沒有機會了。因為近年
來金融主管機構越來越厲害。他們對主力的動作盯得特別緊,有炒作
證據就送法辦,所以目前的主力,依我看,都很膽小。個個都像強盜
似的,搶一把就走。再也沒有像雷伯龍那樣有「理想」(長期操作一

檔股票）、有「目標」（目標價），長期抱牢一檔股票、按照技術線型操作的主力。簡單地說，從前的貪官污吏都是勾結主力，贏取明牌做多謀私；現今的貪官污吏都是緝拿主力，再做禿鷹放空謀私。風格已經改變了！

所以，如今我們只能靠真本領，自己去解讀行情表呈現的意義。

請看圖1-15，我把「信億」（3126）由漲停到跌停之前的三個買點說明一下：

一、預見買點：

很多股市新手不太相信技術分析，是因為「學藝不精」，其實書上所說，是必須配合各種指標綜合研判的。一檔股票會不會成為飆股，無法預測。有時你看它從前曾經「飆」過，可是現在不飆了。時間點不同、基本面也不同了。有時老闆換人，或者主力換人，都會影響一檔股票的「股性」。

我希望大家在看盤時要有「預見能力」。也就是說，你從書上看到「黃金交叉」、「死亡交叉」，固然很有準確度，可是如果你不會預先設想「就要黃金交叉了」、「就要死亡交叉了」，那麼你可能就落在人後了。在「信億」反轉訊號出現時的第一個漲停板出現時，如果你不能預見未來的「連飆七個漲停板」，那不算失敗，但如果你能

在 2012 年 8 月 16 日當天就介入的話，那就是有預見能力的人，你最多只會買到 15.15 元的股票。這就是「預見買點」！

圖 1-15   （圖片資料來源：XQ 全球贏家）

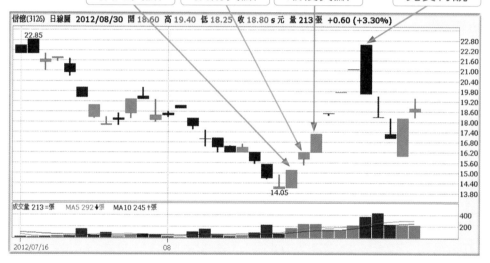

二、技術買點：

　　我的做法一向是在「預見買點」出現時，先買一兩張「試盤」。萬一買錯認賠，也無傷大雅。但技術買點出現，我就會加碼重壓股票，因為這是比較「確認的買點」。你看圖 1-15，2012 年 8 月 16 日的「第

一個漲停板」是「預見買點」，「早起的鳥兒有蟲吃」，會買到低價，但是第二天，寶塔線翻紅了，RSI、MACD、KD 值、成交量的變化都已經宣告在技術面的確定時，「技術買點」就出現了。2012 年 8 月 17 日介入的人，算是掌握到「技術性的買點」，收盤價 16.2 元。對一般的飆股來說，第二個漲停板介入，還有「肉」可吃（除非碰上主力是玩「隔日沖」的大戶）。

三、最後買點：

如果真是飆股，絕不是一日行情。第三個漲停板才介入的人，並不算晚。到了第三個漲停這天的技術指標基本上仍延續著前一天的指標意義，只是更需要小心應對。尤其應注意大盤的變化。我說過，「大盤最大」！任何主力的心思都難免摻雜著大盤未來走勢的考量。所以，有把握的主力會把該檔股票帶到幾個漲停板才休息，雖然是主力說了算，但主力難免也會因大盤的變化而臨時改變心意。所以，我們對自己願意在第幾個漲停板介入，應該也要有個限制。因為越往後面才介入，風險就越大！我個人通常設定第三個漲停板之後，就不追了！除非我確定它是「換手量」而非「出貨量」。

圖 1-16 是「信億」這檔股票在連飆七支漲停板之後陷入盤整的走勢。

圖 1-16

(圖片資料來源：XQ 全球贏家)

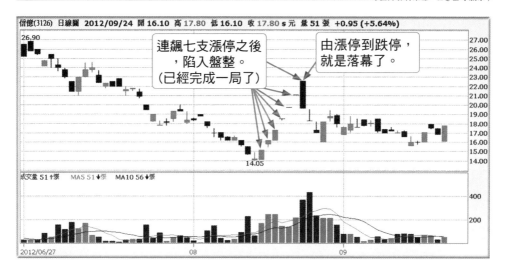

不過，2012 年 8 月 24 日，同一天裡，另一檔股票的命運可不一樣。那就是「唐鋒」（4609）已經第七根漲停板了，仍未打開。其實，在這天之前的 2012 年 8 月 22 日，「唐鋒」中間有一筆大成交量，卻沒打到盤下，更別說是跌停板了。它隔一天仍然繼續狂飆到第九個漲停板才告終止。請看圖 1-17 及圖 1-18。

從圖 1-18 可以看到 2012 年 8 月 22 日和 28 日兩筆大成交量的命運完全不同，追蹤籌碼可知 22 日（第五個漲停板）是換手量，而 28 日（第九個漲停板）則是出貨量。投資人怎麼面對這種情勢呢？

越早介入越安全，越晚介入越危險、越要小心。

第 01 章：你真的懂漲停板嗎？ 041

圖 1-17 　　　　　　　　　　　　　　　　　　　　　　　　（圖片資料來源：XQ 全球贏家）

2012 年 08 月 24 日，唐鋒一樣是跳空漲停，
一價到底。這天已是第七根漲停板了！

圖 1-18 　　　　　　　　　　　　　　　　　　　　　　　　（圖片資料來源：XQ 全球贏家）

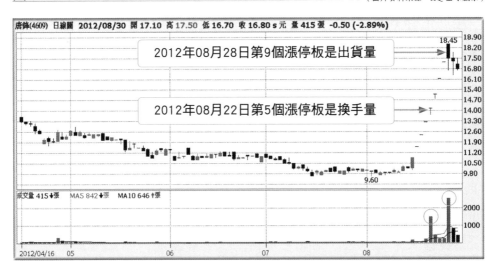

2012年08月28日第9個漲停板是出貨量

2012年08月22日第5個漲停板是換手量

▶ *Point* **08** 　連飆的股票多有內幕，無關技術分析

　　以下的篇章將繼續對「連續狂飆」的個股，進一步的深入分析。

　　如果覺得老是抓不到漲停板……怎麼辦？

　　不必擔心，好好研究下去，早晚你就會找到屬於你自己的一套獲利模式。我可以坦白告訴你，連續狂飆的股票多半有其內幕，無關技術分析。通常不是你功力不佳或技術分析有問題，而是眼睛被蒙蔽了！讀者自從看了筆者的書之後，是不是對所謂漲停板背後的「陰謀」多了一層認識？我相信，只要懂得變通，「技術分析」依然可以成為投資人忠誠的好朋友。若不信任「技術分析」，只是因為尚不了解這位好朋友的個性，它有優點，也有弱點。只要你取其優點，不要計較它的缺點，就很好相處，同時可以得到它的幫助。

　　為什麼現今的主力都喜歡作短？

　　一來台股這個盤一直很「虛」，沒什麼實質的利多可以支撐它天天向上；同時，官方用力抓主力的魔手又很「實」，只是你不知道而已，直到新聞出來，作手已經結束炒作了。雖然大盤是做多的格局，但是有些個股的主力不會天天急拉猛拉，所以你可不要見紅就追、見黑就殺。主力可能也在等待好時機才閃電出擊。往往是你覺得它老是在「盤整」、毫無企圖心而心灰意冷賣掉的時候，他才出手拉抬。

主力，就是資金比你雄厚、耐心比你多一天的人！

筆者的建議是：先選定近期曾經漲停板過的中小型股，然後研究它的營收面（獲利好的公司，就不必擔心下市）、追蹤它的籌碼面（主力的操作手法，是決定股票命運的主因）。這樣是比較快速獲利的方法。大型股要漲停板，非常困難。那要動作相當大（主力就怕被官方發現，哪敢動作大？）、資金相當多（主力已不敢聯手，以免內訌），才辦得到。如果真有正規的、強而有力的經濟因素讓大型股大漲，那小型股豈不更鬧翻了天？

所以，結論還是中小型股較具優勢。

太小型的股票，沒實力的主力常常打了就跑，不管你的死活；有實力的主力怕出不了貨，也就不敢著墨。所以中小型股是最理想的標的。

漲停板，絕非空穴來風，必然有人在玩。

行家常常從籌碼面去了解主力的態度，從他的庫存量來決定跟進或賣出。其實，根據筆者每天用大量的時間研究籌碼的結果，我發現近年的主力心態已不同於從前，必須有新的觀念、新的研判方式，才能因應變局。君不見，近幾年連一些名不見經傳的主力，常常因違反證券交易法被悄悄偵結起訴？如果投資人不特別注意這些新聞，或不特別在某些網站瀏覽，可能並不十分清楚。而筆者就常常無意間得知

相關的訊息。

　　舉例來說，筆者在《放空賺更多》一書第 39 頁，引用了兩檔個股的日線圖作比較。不知讀者還記得嗎？這兩檔個股是「碩天」（3617）和「益通」（3452）。當時講到的內容是「董監事改選行情」下的放空機會。我請各位讀者看看兩檔股票的日線圖──「碩天」（3617）和「益通」（3452），它們都同樣是在 2011 年 6 月 24 日開股東常會。然而，它們在股東會之前半年來的股票走勢，卻形成了非常有趣的對比。「碩天」一路上揚，而「益通」都是一路下跌（請看圖 1-19 及圖 1-20）。

　　2011 年 6 月 24 日，「碩天」（3617）和「益通」（3452）這兩家毫無關係的公司分別都開股東常會，董監事的改選名單也都分別出爐了。這兩檔股票的迥異之處，是筆者獨家的發現。但是，我也是在後來看了新聞，才領悟到為什麼放空「益通」是這麼容易賺錢。簡直如入無人之境。原來它們的基本面是如此的不同。

　　這兩檔股票日線圖的選取時期都一樣，從 2011 年 1 月 25 日到 2011 年 6 月 24 日，有趣的是，兩檔股票的命運真有如天壤之別。「碩天」（3617）從最低的 60.2 元，一直飆到 113 元，漲幅是 87.7%；而「益通」（3452）卻從高檔的 52.2 元，一直下滑到 22.8 元，跌幅是 56.3%。

圖 1-19 （圖片資料來源：XQ 全球贏家）

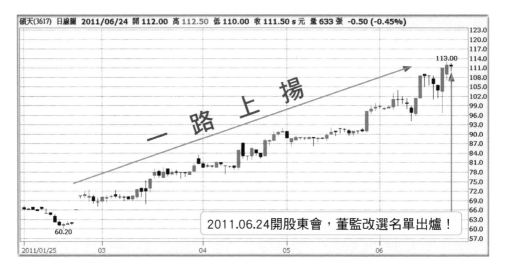

圖 1-20 （圖片資料來源：XQ 全球贏家）

根據公司法第一九五條與第二一七條的規定，董事與監察人的任期均不得超過三年，所以上市公司董監事的任期大多數是三年。三年任期一到，就得改選，根據以往的統計資料顯示，在董監事改選前後，股價常會有鉅幅上漲的現象，這就是董監事改選行情。而且，改選競爭愈激烈，股價的漲幅就愈大。

　　為何在董監事改選前後，股價常會上漲呢？其原因有三：

(1)由於董監事當選與否，完全看手中持股的多寡。有心競選者為了取得足夠的股權，勢必要在市場中吸足籌碼。由於需要量增加，買盤力道大增，股價自然就上漲了。

(2)在董監事改選之前，持股的董監事候選人為了當選，一定不敢賣出手中股票。這麼一來，籌碼被鎖住，賣盤力道大減，有利股價上揚。此時，常有作手看準此一情勢，乘機拉抬，造成股價大幅上漲。

　　「碩天」和「益通」這兩家公司在 2011 年都有「選舉」卻無「行情」。前者是選舉太平順了，大家團結一致，把股價推高，最後的董事長仍然是繼續連任；後者的選舉也太平順了，沒有人競爭董監事，一堆人甚至在新選任時手上一張該公司的股票都沒有。

　　然而，筆者在出書之後，偶然在報上看到此一新聞，才知內情：

藝人邵昕涉嫌與股市作手周鼎共組炒股集團，籌資

五十五億元，以一〇一個人頭帳戶炒作碩天股票；台北地檢署昨天依違反證交法等罪起訴邵等十九人，七人求刑八到十年不等，邵昕未被求刑。

被求刑包括周鼎（邵昕表哥）、亨豐投資董事長陶煥五、董事陶煥昌、監察人陶家森、前中視主播陳信宏、前翡翠雜誌副社長葉治平、鼎力國際集團總裁秦庠鈺，周鼎、陶煥五各併科兩千五百萬元罰金。

…………

檢方調查，周鼎透過葉治平結識陶煥五、陳信宏等人，陶煥五向周鼎提議共組炒股集團；由周鼎統籌操盤，陶煥五負責籌資、邵昕幫忙尋覓人頭和金主，葉治平下單、陳信宏擔任媒體聯繫。

起訴書指出，周鼎認為碩天科技資本額低，容易操盤，去年三月開始炒作。秦庠鈺總共挹注十七億餘元資金，供周鼎炒股，雙方約定秦分六成利益，其餘四成由周鼎與陶煥五等人朋分。 【2012-04-26/ 聯合報 /A9 版 / 社會】

　　看到真實的新聞內情了吧？請特別注意，文中提到「去年開始炒作」這幾個字，再看看「碩天」的日線圖，果然時間點非常吻合（2011

年 3 月起即一路狂飆）。這個新聞是否給您重大的啟示？是的，咱們是做研究的，事前完全不知道股票的內情；筆者於新聞中的人物，可說半個也不認識，但是從它的日線圖卻可以發現「無風不起浪」。

這個新聞告訴了我們一個事實：股票都是「人為炒作」出來的。尤其本書要研究的主題——「漲停板」更是如此！近年的主力由於怕被抓，多半也採短進短出，不想把股價由低處拉到極高處（從前的主力都是有長期的目標價的），以避免太招搖。這就是為什麼散戶很難搭轎的真正原因。

所以，據我的觀察，近年台灣的檢調單位其實對股市的主力多半仍相當感興趣，非常勤奮在抓主力。他們的行動都是「鴨子划水」、悄悄進行的。有一位有私心的不肖警察甚至為了獲得主力的操盤動態，足足利用職權監聽了「古董張」一年多的電話，後來這位警察被逮了，也上了新聞了。——這件事在筆者《主力想的和你不一樣》一書中，也有披露。

所幸台股是相當透明的，我們小散戶不在任何金管單位做事，也沒有任何治安「職權」，更沒有炒股集團的內線消息，但是透過自我的修鍊和鑽研，也能夠「秀才不出門，能知天下事」，直接從股市的行情中，看出一切的玄機，是不是很棒呢？

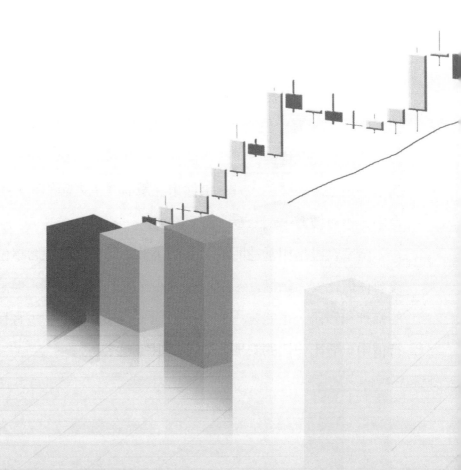

chapter 2

強勢漲停，多頭吹反攻號角

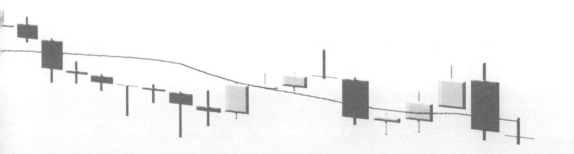

▶Point *01* 大盤反轉，荒謬卻犀利的研判絕招

台股的散戶習慣作多，這似乎是「自古已然，於今不變」，一方面是股市遊戲規則的訂定，一向偏於作多，站在「民不與官鬥」的心理，縱然這是「跛腳」的遊戲規則，散戶也不敢有太大的異議。當「屢戰屢敗」、荷包淌血的時候，還敢怒不敢言，怪自己學藝不精，所以成為輸家；可是，當「屢敗屢戰」、一再挨耳光的時候，散戶早晚也會不甘心地撫著臉頰怒目反問：為什麼打我？怎麼會這樣！

接著，怪天怪地怪總統，怪盡天下蒼生，就是沒怪自己為什麼沒有早一點跳出「有鱷魚出沒的」股票池！筆者一向認為「改變別人，不如改變自己」，我總覺得，什麼事情都「靠自己」比較快，「求人」真慢！如果自己懂得避險，不就什麼事都沒了？

筆者在今年（2012年）3月29日後，就已經發現股市的環境險惡了。不只自己已盡可能地保持空手（筆者的 blog 那時起便很少更新了），也在每一封回讀者的信中，加上幾句警告的詞句，內容不外是要讀者「減量經營」或「退場觀望」。因為我知道，不擅長於《放空賺更多》（筆者在恆兆出版的一本書書名）的散戶，最好就是多看少做，才能明哲保身！如果聽筆者一句勸告的話，就可以避開一大段的損失，請看圖 2-1。從 2012 年 3 月 29 日開始大盤就一路下跌！

圖 2-1　筆者 3 月 29 日確認走空，5 月 28 日確認轉多　（圖片資料來源：XQ 全球贏家）

『你的股票買賣時機精準嗎？』新書詳述了
看空的理由：這裡有一個「起跌缺口」！

2012年5月29日筆者已經早一
步確認，行情必然轉多！

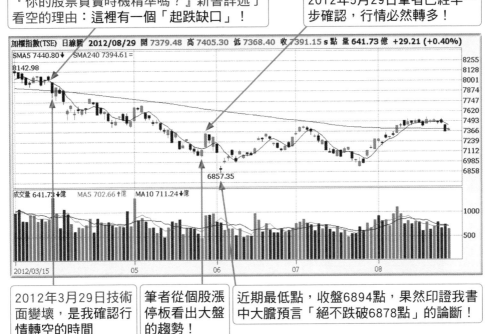

2012年3月29日技術
面變壞，是我確認行
情轉空的時間

筆者從個股漲
停板看出大盤
的趨勢！

近期最低點，收盤6894點，果然印證我書
中大膽預言「絕不跌破6878點」的論斷！

　　2012 年 5 月 26 日～ 28 日，筆者收到很多讀者的來信，都表示看到《你的股票買賣時機精準嗎？》新書上市了。這本書，筆者以缺口理論說明大盤在 3 月 29 日起已經走空了。相信很多人都聽過「缺口理論」，但我相信大部分人都是一知半解、無法真正應用的。看了我清楚明確的分析之後，讀者應該比較知道如何活用了。

　　但是，5 月 28 日的行情卻使我有異樣的感覺。我覺得「放空者

該回補了，作多者可以進場了」。我立刻在第一時間告知部分讀者。因為股市資訊瞬息萬變，如果不立刻把握買賣時機，豈不是白讀了我的新書——《你的股票買賣時機精準嗎？》？

尤其當這位讀者來信之後，我臨時改為群組發送方式回覆，並通知所有我的「建檔服務」讀者。

【2012 年 5 月 28 日上午 10 時 40 分 51 秒 讀者來信】

主旨：方老師 您好！恭賀您新力作上市，預祝大賣！

方老師：

您好！

您的忠實讀者，來向您問候與道賀！小弟上週末去逛書店時，赫然發現您的新力作《你的股票買賣時機精準嗎？》上市，心裡一陣驚喜，二話不說立刻購買。並通知好友這個好消息！小弟向朋友推薦您的作品時亦感與有榮焉，因為朋友們買書回來看完之後，都有相見恨晚的感受，都說您的書籍作品真的與眾不同。我也有留意到在南部各知名書店，您的書籍都是擺放在推薦區！

這週末買了書之後，即迫不及待地閱讀，目前研讀完前四章節。本書您用許多讀友的回信問題，結合新的題材技巧，

作更完整多樣的示範說明。如此就像不同角度的重點複習再加延伸學習，新書內容真是寫的太棒了！小弟與讀友們又收穫滿滿了！

祝您

順心如意！作品大賣！

忠實讀者 ✕✕✕ 敬上

【天龍敬覆】

L先生：

您好！謝謝告知新書上市的情況。收過您很多信了，您始終保有同樣的「熱度」，感受到您是個樂觀愉快同時也很懂得鼓勵別人的個性，想必在股市中也很能從容因應。原諒我藉用回您信的時候，順便附上兩個檔案給部分經我建檔服務的讀者，作為參考。我因時間有限，部分讀者的來信並未即時回覆，在此也算是保持聯繫了。

今年開盤以來行情一直很好，大部分人都賺到錢了，但3月29日以後，突然行情走空了，不知讀者是否賺到錢又吐出去了？我一直呼籲寫信來的讀者保守因應（減碼或退場觀望——因為大部分讀者仍愛作多）。今天忽然有明顯

轉變，不知是否由於勞退基金的委外代操款項即將撥下、增添了新資金新活水，還是什麼原因？也很難說會反彈幾天。我主張且戰且走、邊做邊看，不要妄下預測。

我所附上的檔案，一張是大盤走勢圖，我在新書《你的股票買賣時機精準嗎？》中已有說明為何 3 月 29 日以來我就看壞了。真正的關鍵是它出現了明顯的「起跌缺口」。這是我獨特的研判方式。

另一張是解釋今天我是如何在盤中就研判出尾盤會拉高的。

大盤反轉時，我的研判絕招雖然荒謬卻相當犀利！學學吧，有助於台指期走勢的掌握。方法有二，其一是上午 9 時 26 分 30 秒左右，有一筆 2.29 億的單量把行情「筆直地」拉上去，這是近期下跌行情中少見的現象。其二是我昨晚研判短期看好「太極」（4934），原本有意找買點酌量介入，不料它竟然趁我不注意，一口氣直拉上漲停板，然後就一價到底讓我買不到。這也是強勢股近期少見的勇敢姿態！

從以上的兩點，我已研判出尾盤會拉高了。提供讀者參考。

「太極」（4934）的籌碼是這樣的：它最大的多頭主力，

持股不多，只有 680 張，但被套在 16.2 元，今天並未護盤

（反而小賣 4 張），而是第十四名多頭主力（買 12.11 元

91 張）、第十五名多頭主力（買 12.95 元 99 張）拉的。

它的空方最大主力前三名持股是負 1318 張、負 1203 張、

負 1042 張。　　　　　　　　　　　　　　　　　天龍

▶Point 02　急拉的力道，看線型青雲直上

在以上的信中，筆者透露了兩個秘訣。

其實，這不是什麼了不起的方法，也不合「學術規格」，純粹是土法煉鋼式的直覺法。

第一就是：發現上午 9 時 26 分 30 秒左右的買盤力道，迴異往日。它的線型幾乎是「筆直」向上的，非常不尋常。而且出量之後，過去都是被賣壓打下來，演成「開高走低」的悲劇，而這一天卻是橫盤之後立刻再上（見圖 2-2），明顯有多頭（不管是政府護盤或主力介入）護盤。

因此我斷定，這一天的尾盤必然拉高。同時，也因為這一天不尋常的變化，使我發現初步的「轉折點」。大盤要由空翻多了！

圖 2-2　5 月 28 日第一時間逮到多頭主力護盤跡象。　（圖片資料來源：作者提供）

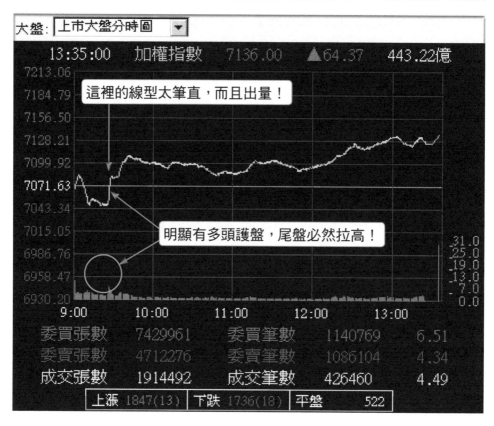

我 5 月 28 日的思維和警覺，並非神經過敏或驚世駭俗，而是有確切的證據。

看吧！5 月 29 日的大盤，果然又來了一次上午 9 時 16 分 15 秒的一筆 4.05 億單量，把行情又「筆直地」推升上去。同時，手法又

和前一天（2012年5月28日）一樣，拉升之後，並未被賣壓打下來，而是橫盤之後立刻再上（見圖2-3）。出量急拉、筆直而上，代表了多頭主力的決心，肯定不會讓行情「開高走低」。

有時候，土法煉鋼式的直覺法，還是挺準的呢！

圖 2-3　5月 29 日確認前一天的研判正確無誤。　　　　　　（圖片資料來源：作者提供）

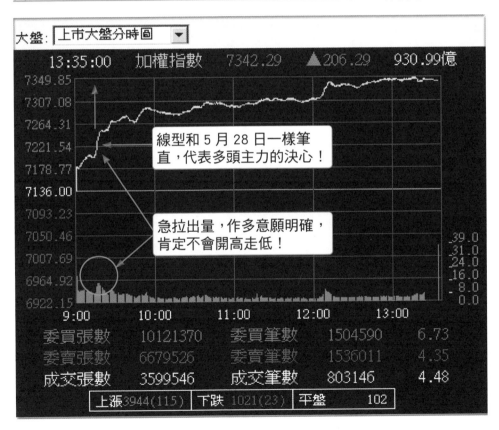

土法煉鋼式的直覺法，多半來自「經驗值」，而非「特殊工具」（主要指股票專業軟體）。有時是相當有效的，正如筆者所著的《籌碼細節》一書第 26 頁，筆者就以「買賣成交明細」這樣一個最簡單的公開資訊，運用個人的直覺而「破獲」了主力的蹤跡。可見只要訓練有素，「經驗值」仍然是非常犀利的工具。

▶ Point 03　觀察強勢漲停板的動作，一葉知秋

　　現在，我要談一個看起來簡單但是挺有效的「經驗值」，那就是當大盤線型盤整、多空不明時，研判「大盤要反轉了」的訊息，那也是與本書主題「漲停板」有關的：強勢漲停板，預告了大盤的方向！

　　筆者在其他的書中說過「大盤最大」，主力是咱們的老大，可是大盤又是主力的老大！大盤不好，主力在操作他的股票時，總是畏畏縮縮的；為了投鼠忌器，主力股有時也得先下後上，才不會成為「槍打出頭鳥」的犧牲品。

　　歷史上不是有一種說法嗎？秦檜因為陷害岳飛，在歷史上總是遭人唾棄。如今秦檜夫婦的跪像被鑄在岳飛的墳前，任人唾罵。岳飛固然是忠臣，但秦檜的千古歷史評價，在 2006 年「秦檜政治遺書」出

土（包括秦檜親筆遺囑在內的一批重要文物）後受到考驗。

秦檜遺書上說明：

1. 秦檜肯定岳飛戰功，但他表示岳飛個性耿直，不會做人。

2. 殺岳飛是高宗的意思（儘管岳飛表示自己無異心，只想迎二帝回國，但迎回二帝是不是高宗所樂見的呢？）

3. 秦檜在遺書中表示自己將遺臭萬年，但指示子孫不要為自己辯駁。

4. 秦檜說自己已努力保全岳雲和張憲。

5. 皇帝趙構稱讚秦檜「忠僕過人」，比作蘇武，朝中宰相重臣如范忠尹、李回等人說秦檜是忠臣，使許多朝臣不再懷疑秦檜是「奸細」，李綱書寫讚揚秦檜「精忠許國」、「立大節于宗社傾危之秋」。這充分說明金人並不是縱使秦檜歸宋朝。

6. 皇帝斬岳飛，秦檜無法回應朝臣的疑問，只能以「莫須有」回應。

有關秦檜的翻案文章很多，重點是在「秦檜如果沒有南宋高宗的默許或指使，敢隨便殺死岳飛嗎？」這是目前深入研究歷史的人都知道的知識。但一般的歷史書為了「教忠教孝」，是不會講那麼多的。

股市的情況也是如此。主力如果沒有「大盤」的默許或指使，敢隨便漲停板嗎？當然不敢！

倒過來想，主力敢拉股票到漲停板，必然深信大盤會支持他的！

我們看到許多強勢漲停板，敢直接衝上峰頂，必然透露著跌跌不

休的盤勢已然有所改觀！這樣的推理，合理吧？

　　不過，有一個先決條件：這個訊息必須特別明顯，而且是近期罕見的徵兆。如果表現在線型上，那就必須是「筆直」的上或下。

　　我們來看看 2012 年 5 月 28 日的「太極」走勢（見圖 2-4）。

圖 2-4　2012 年 5 月 28 日「太極」的分時走勢圖　　　　（圖片資料來源：XQ 全球贏家）

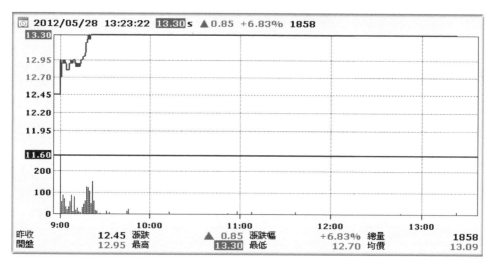

　　記得這天我在開盤不久就買「太極」。當時的情況是：開盤 12.95 元，漲幅高達 4％。雖然有輕微下殺賣盤，但很快就被更強大的買氣湮沒。記得自己敲進此股的決斷動作也挺快的，買單成交價格大約在 13 元左右。上午 9 時 30 分不到就鎖上漲停，我也輕易搭上漲停列車！隔一天 29 日，又在兩、三分鐘內拉上漲停（見圖 2-5）。

圖 2-5　2012 年 5 月 29 日「太極」的分時走勢圖

（圖片資料來源：XQ 全球贏家）

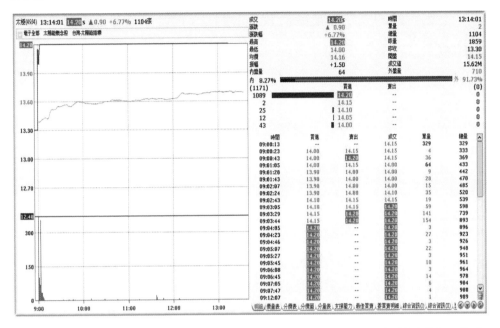

買對了這檔股票並不稀奇，只是時機得看是不是多頭時期。「多頭時期」作多，遠比「逆流而上」要容易得多。

2012 年 5 月 28 日我研判多頭即將來臨，彷彿主力告訴我：

「天龍！你跟得對！我認為大盤就要上去了！」

那段日子股市天天在盤跌，但我那時就有「先見之明」！事後證明，這樣的預測並非沒有道理。正式多頭的最低點就在 2012 年 6 月 4 日達到最低的底部。

再看圖 2-6，筆者 2012 年 5 月 28 日在「太極」一役的買進位置，

上面還有很大量的高點（賣點）可期，怎麼賣都是賺錢的。

這筆買賣的成功，是由於我在 5 月 28 日就已經半路截獲當天的漲停板。

在次日已經居於優勢，何況又逮到一個漲停板了。

從日線圖來看，我們可以發現隔三個交易日——2012 年 6 月 1 日，「太極」的 SMA20 已經交叉 SMA60 向上了！

圖 2-6

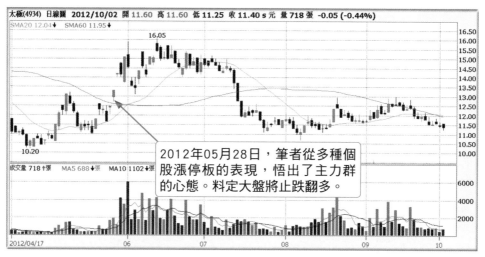

太極在 28 日的買進位置，上面還有很大量的高點（賣點）
可期。

在此順便解說，有讀者問：為何有時是看 SMA5 ＞ SMA240，有時是看 SMA20 ＞ SM60？

其實，每一位資深高手都有他的獲利模式，看哪一種線型都不算錯；也沒有規律非照什麼均線走不可。

這就是我為什麼相當反對「數據化」學習的因素。很多股市新手都把股市的變化看得太簡單了。以為知道 SMA5 > SMA240 一種獲利模式，就可以一招半式闖天下了。當你遇到挫折，再來怪罪技術分析，那就太不合理了。

時時「隨機應變」看待股市的變化，才是贏家的王道。

在這裡，我透露自己的經驗值：

SMA5 > SMA240 是較長期的觀察模式，一般都是看「加權指數」時注意它；而 SMA20 > SMA60 是較短期的觀察模式，一般用於追蹤「個股」。如果再短期一點，連 SMA5 > SMA10 都很重要。所以，千萬不要以為一招半式就能闖江湖。

著名行為心理學家馬思洛（Abraham Maslow）說：「如果你只有一把鎚，你常會把所有的問題看成釘子。」

也就是說，如果你只有一把鎚子的話，即使別的工具可能更適合，而你第一個反應仍然可能是鎚下去。

反過來說，如果你手上有很多不同的工具，便可以找出最適當的來使用。技術分析懂得越多，越不會單純用一把工具對付各種事物！

圖 2-7 　　　　　　　　　　　　　　　　　　　　（圖片資料來源：XQ 全球贏家）

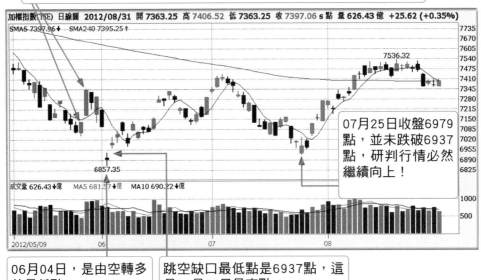

2012年05月28、29日，由個股漲停板，發現由空轉多的伏筆！

07月25日收盤6979點，並未跌破6937點，研判行情必然繼續向上！

06月04日，是由空轉多的最低點。

跳空缺口最低點是6937點，這是06月04日最高點。

　　　5 月 28、29 日，由個股漲停板發現大盤將由空轉多。

　　看圖 2-7。5 月 28 日、29 日我發現有許多個股（記住！不是單一個股哦！）強勢漲停，這是行情由空轉多的伏筆，而大盤正式由空轉多比我的預估還慢了半拍。

　　2012 年 6 月 4 日，則是由空轉多的最低點。在這一天的第二個交易日，出現了跳空缺口，最低點是 6937 點，這也是 2012 年 6 月 4 日的最高點。

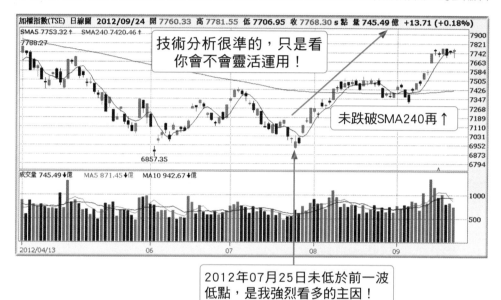

圖 2-8　　　　　　　　　　　　　　　　　　　　　（圖片資料來源：XQ 全球贏家）

技術分析很準的,只是看
你會不會靈活運用!

未跌破SMA240再↑

2012年07月25日未低於前一波
低點,是我強烈看多的主因!

7 月 25 日未低於前一波低點,是我強烈看多的主因。

　　再繼續看圖 2-8。日線圖延續到 2012 年 9 月 24 日為止。我不斷在追蹤大盤的走勢,發現大多數時間都在預算之內。2012 年 7 月 25 日未低於前一波低點,是我強烈看多的主因。在「且戰且走」的觀盤習慣中,可以看到其後 SMA5 已經穿越 SM240 而上。這時要看的是:是否假突破?結果是「真突破」!既然未跌破 SMA240,行情必然再往上。技術分析確實是很準的,只是看你會不會靈活應用而已。

▶ Point *04* 跳空漲停、一價到底的個股

在多頭吹起反攻號角的當兒，漲停板有幾種模式，歸納可以大分為以下四種：

一、開盤跳空漲停、一價到底的個股。

二、開盤漲停、打開後收盤仍漲停或收高的個股。

三、盤中急拉到漲停後一價到底的個股。

四、尾盤如沖天炮，一口氣急拉到漲停或即將漲停的個股。

現在先來說說第一種。

所謂「開盤跳空漲停、一價到底的個股」，事實上就是最值得注意的股票。雖然我們買不到，但是，它的力道值得特別注意。有時，當它打開漲停的時候，就是出貨的時候；有時當它打開的時候，卻是可以再度搭上便車的時候。

怎麼分別呢？

就得看它的歷史位置和技術分析了。

圖2-9，怡華（1456）在2012年9月13日就是一檔「開盤跳空漲停、一價到底的個股」。

圖 2-9

（圖片資料來源：XQ 全球贏家）

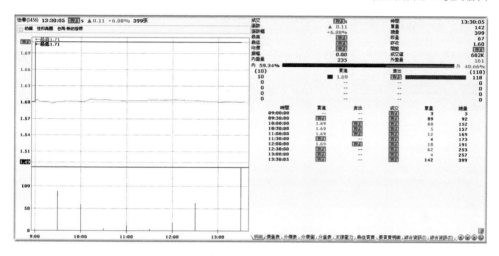

圖 2-10

（圖片資料來源：XQ 全球贏家）

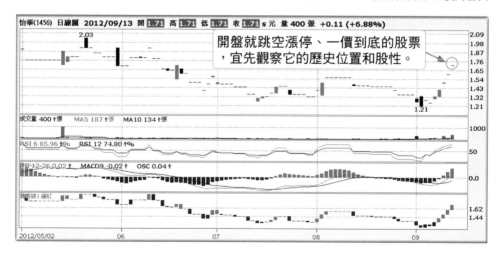

開盤就跳空漲停、一價到底的股票，宜先觀察它的歷史位置和股性。

請見圖 2-11。2012 年 9 月 14 日的「系統電」（5309），也是一檔「開盤跳空漲停、一價到底的個股」。

圖 2-11　　　　　　　　　　　　　　　　　　　　　　（圖片資料來源：XQ 全球贏家）

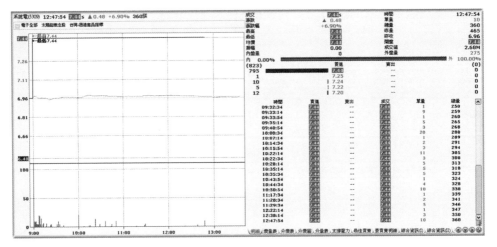

圖 2-12　　　　　　　　　　　　　　　　　　　　　　（圖片資料來源：XQ 全球贏家）

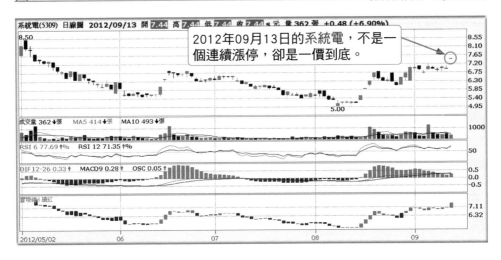

2012年09月13日的系統電，不是一個連續漲停，卻是一價到底。

請見圖 2-13。「友威科」（3580）在 2012 年 9 月 13 日，也是一檔「開盤跳空漲停、一價到底的個股」。

圖 2-13

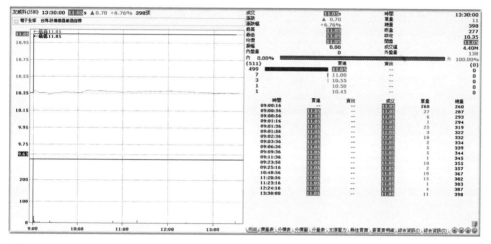

圖 2-14

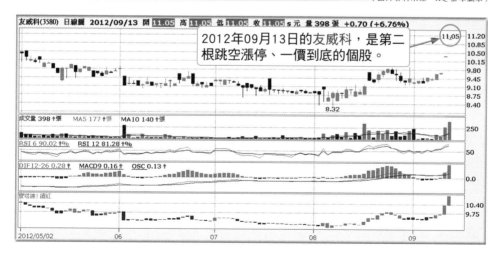

2012年09月13日的友威科，是第二根跳空漲停、一價到底的個股。

【小評析】

開盤跳空漲停、一價到底的個股，它在日線圖上呈現的是「一」的 K 棒，這種線型，讓人生出羨慕的渴望——可惜沒買到這檔股票。然而，如果太多個「一」的 K 棒連續出現後的某一天你才發現，那可不一定是獲利的保證。所以，看到開盤跳空漲停、一價到底的個股，盤後務必研究它的歷史位置和股性。

一、先數一數，總共已經連續跳空幾次了，研判它會不會打開。

二、會不會打開，要看量能是否「價量背離」。

三、我的「經驗值」告訴我，最好要研判一下 MACD 的紅板磚牆有沒有繼續向上延伸的可能比較可靠。

四、所謂「左低右高」的線型，最好能等它拉回再買，才不會被短套。

五、連續跳空漲停的股票，就含有我常說的「飆股血統」，要特別重視。

六、有「飆股血統」的股票，儘量別買 500 張成交量以下的，因為小主力容易出意外。本書第一章已經強調了。

▶ *Point* **05**　漲停打開再關上，搭 V 型便車是好招

我們來研究「開盤漲停、打開後收盤仍漲停或收高」的個股。

首先必須知道，開盤漲停，打開後收盤不漲停或收高的個股案例不少。那麼，什麼情況會導致「開盤漲停、打開後收盤仍漲停或收高」呢？那就是開盤後量不要一直放出來。

放量表示，主力並不惜售。

當然，開漲停板的股票，算是漲幅最高的個股，它在盤中「打開」的時候，最好要早一點打開，臨收盤才打開的個股，主力的心態可說「居心叵測」，隔一天行情不會太好！

至於開盤漲停、打開後收盤會不會漲停或收高呢？

一般來說，只要不放量，漲停機會是最大的。這仍然必須看大盤的臉色，因為我說過，「大盤最大」，主力雖然是老大，但大盤比他更大。即使他有心拉漲停板，但如果賣壓實在很重，他也會順勢先賣一些，等賣壓過了，再設法拉回漲停板。否則他不賣，哪有那麼多的銀彈可以支撐呢！而在這過程中，搭上 V 型便車，就是我們小散戶「他吃排骨我喝湯」的好機會了！

請看晶彩科（3535）、偉聯（9912）、「沛波」（6248）的實例（見圖 2-15 ～圖 2 -20）。

圖 2-15　　　　　　　　　　　　　　　　　　　　　　　　　（圖片資料來源：XQ 全球贏家）

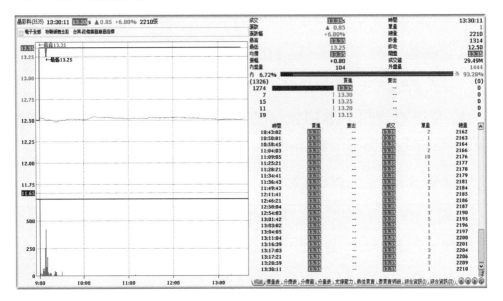

圖 2-16　　　　　　　　　　　　　　　　　　　　　　　　　（圖片資料來源：XQ 全球贏家）

2012年09月13日的晶彩科，是第三根連續漲停。開盤後曾經漲停，盤中打開了一個小口，收盤卻又鎖上漲停板。

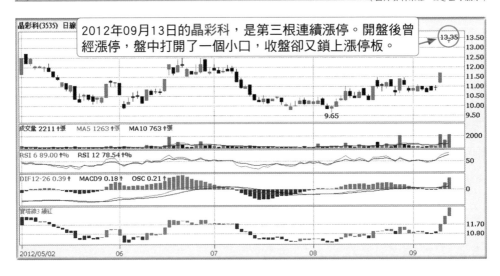

圖 2-17

（圖片資料來源：XQ 全球贏家）

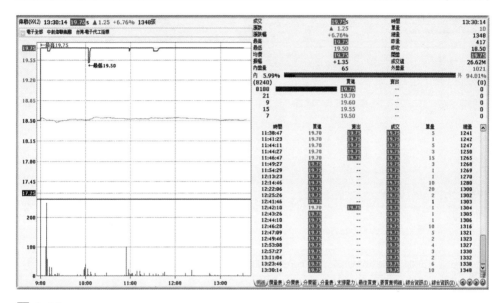

圖 2-18

（圖片資料來源：XQ 全球贏家）

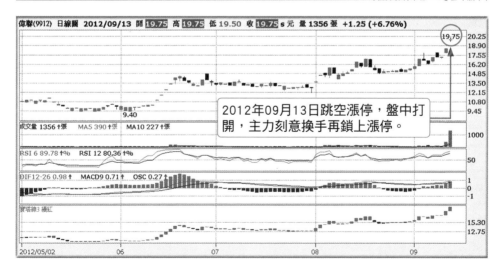

> 2012年09月13日跳空漲停，盤中打開，主力刻意換手再鎖上漲停。

圖 2-19 　　　　　　　　　　　　　　　　　　　　　　　　　　　　（圖片資料來源：XQ 全球贏家）

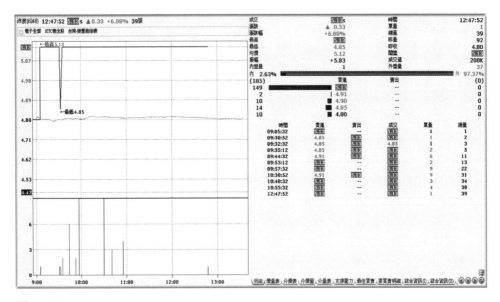

圖 2-20 　　　　　　　　　　　　　　　　　　　　　　　　　　　　（圖片資料來源：XQ 全球贏家）

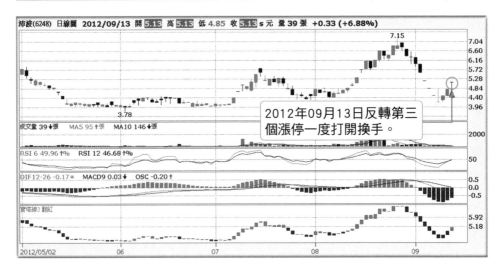

2012年09月13日反轉第三個漲停一度打開換手。

【小評析】

「開盤漲停、打開後收盤仍漲停或收高」的個股，如何看待及因應呢？

一、 根據我的經驗，開盤跳空開高達 4％以上的個股，通常比較容易收漲停板，何況是開盤漲停板！

二、 會開漲停板的股票，如果是第一支漲停板，比較值得重視。

三、 第一支漲停板值得重視的原因是主力也許剛剛發動，不會輕易放棄；另有一個原因是開漲停必有特殊理由。

四、 開盤漲停、盤中打開，是由於散戶不知情，仍把賣壓放上去。拉漲停板的來源（主力）必須護盤，所以對於散戶來說，低檔就是最好的搭車機會。

五、 盤中尋找低點切入，要隨大盤走勢的多空變化而改變思維。因為護盤主力何時打算再鎖上漲停，往往也是看大盤強弱而定。

六、 尋找介入點，要分批介入，不要把打算購買的股票數量一次買光，才不會後悔。

▶ Point 06 開盤不久就快攻，鎖上漲停沒商量

及時買進「開盤不久就快攻，鎖上漲停沒商量」的個股，最能顯示一個人的看盤及操盤功力。筆者在多頭時期常常表演這一招，這一招往往讓股市新手佩服得不得了。

其實「江湖一點訣，說破不值錢」。

我對這樣的股票，哪有什麼內幕機密？不過就是前一天晚上做足功課，預先鎖定幾檔必然上攻的個股加以注意，然後確認它的走勢如我所料！如果不事先做好功課，說不定拉上漲停的股票就被「隔日沖」的大戶（他們昨天已經低價大量買進，今天就是要獲利回吐）倒貨也說不定！那就會樂極生悲了！

盤中急拉漲停一價到底的個股，是常見的主力操盤模式。有時一波就拉到底，有時分兩波，先下後上。其特色就是「快攻」，不讓你有猶豫的機會。當然，如果是小型股，跟進的人就得眼明手快，才不會成為「最後一隻老鼠」。

圖 2-21 ～圖 2-26，這裡舉的三個實例：碩禾（3691）、越峰（8121）、佳邦（6284）都是在 2012 年 9 月 13 日開盤就猛攻，直到漲停板為止，拉上漲停板之後就不再打開。

你抓得住漲停板嗎？

圖 2-21 （圖片資料來源：XQ 全球贏家）

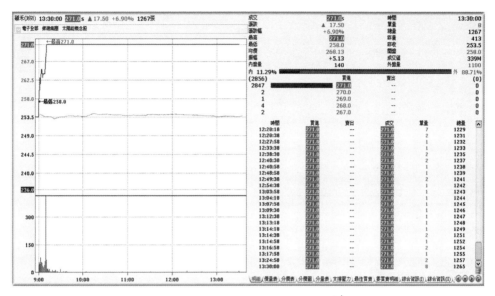

圖 2-22 （圖片資料來源：XQ 全球贏家）

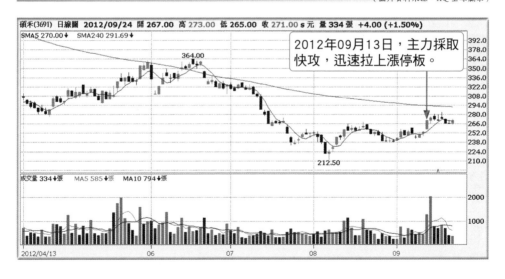

> 2012年09月13日，主力採取快攻，迅速拉上漲停板。

圖 2-23 （圖片資料來源：XQ 全球贏家）

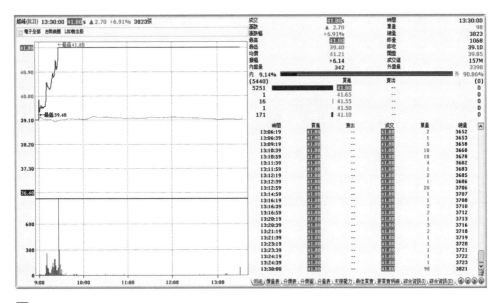

圖 2-24 （圖片資料來源：XQ 全球贏家）

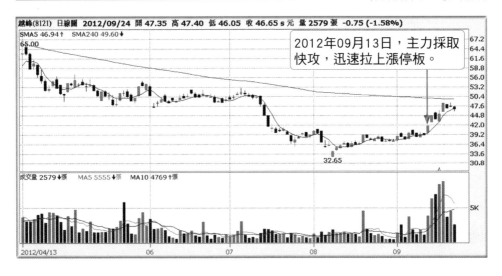

2012年09月13日，主力採取快攻，迅速拉上漲停板。

圖 2-25 　　　　　　　　　　　　　　　　　　　（圖片資料來源：XQ 全球贏家）

圖 2-26 　　　　　　　　　　　　　　　　　　　（圖片資料來源：XQ 全球贏家）

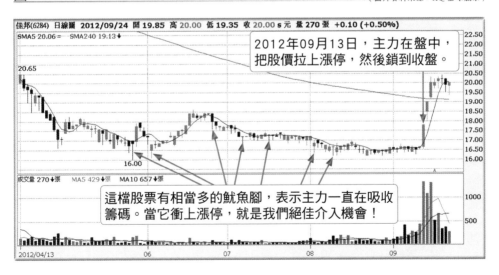

2012年09月13日，主力在盤中，把股價拉上漲停，然後鎖到收盤。

這檔股票有相當多的魷魚腳，表示主力一直在吸收籌碼。當它衝上漲停，就是我們絕佳介入機會！

【小評析】

「開盤不久就快攻鎖上漲停」的個股，如何因應呢？

一、為了寫這一段文字，我做了兩週的觀察和驗證（13 日～
　　24 日）。我發現，凡是主力快攻拉上漲停的股票，至
　　少都有幾天好風光。你即使追到漲停板都有肉可吃！

二、請看圖 2-22，你在 2012 年 9 月 13 日即使用漲停板買
　　到「碩禾」（3691）這檔鑫德集團的電子股（太陽能
　　概念股），股價也不過才 271 元，隔三個交易日之後，
　　2012 年 9 月 19 日股價最高還有 283 元。

三、請看圖 2-24，在 2012 年 9 月 13 日即使用漲停板買到
　　「越峰」（8121）這檔台聚集團的電子股（LED 概念
　　股），股價也不過 41.8 元，隔五個交易日之後，2012
　　年 9 月 21 日股價最高還有 48.6 元。

四、請看圖 2-26，在 2012 年 9 月 13 日即使用漲停板買到
　　「佳邦」（6284）這檔台灣被動元件指標之一的電子
　　股（3G 概念股），股價也不過 17.8 元，隔四個交易
　　日之後，2012 年 9 月 20 日股價最高還有 20.4 元。

五、圖 2-26 是一張非常有趣的日線圖，在「佳邦」這張日

線圖中，有無數的「魷魚腳」K棒型態，代表低檔都有特定的主力承接，且收盤必然比最低點高，但是股價並未即刻拉得很高，也就是說：每天的漲幅都不大，直到2012年9月13日才因突然急拉漲停板，發動了攻擊！說明主力在吸收籌碼的時候，做得很明顯。懂得技術分析的人，都看到了訊息、暗號。當股價引爆之後，最後這檔股票就很像「潛伏底」了。（「潛伏底」不懂的股市新手，可洽購筆者的《股票獲利智典？技術面—101種股價診斷的計算與應用實務》）

六、主力為何快速攻堅呢？因為籌碼早已洗乾淨，所以壓力不大。此外，他明顯不想讓你跟進，當把股價拉上漲停後，若你有這檔股票就捨不得賣了，這就是「逼迫惜售」策略。從心理面來說，若他不立刻拉上漲停而僅是拉高股價，你就有可能考慮逢高先獲利了結。那麼，賣壓就大了！

這就是漲停板的特性：主力把股價拉得很高，你會有落袋為安的想法；可是主力一旦把股價拉上漲停並用幾千張買單鎖死，你就會油然生出貪念，心想再多賺一點才下車吧！

▶Point *07* 尾盤如沖天炮，急拉漲停或接近漲停

尾盤如沖天炮，一口氣急拉漲停或接近漲停的個股，我從前作過很多的研究。近來也常常在研究，因為這是很重要的研究主題。它顯示的是主力的動作內涵，非常值得長期觀察。

這裡要強調，成交量太小（例如低於 500 張）的股票最好別玩，因為買得到卻出不掉。手上有低價取得股票的大股東若看你不順眼，殺幾個跌停板，你就吃不消了。這一點，他們是絕對優勢，因為手上本來就有股票了。他殺下去，股票必跌；他拉上來，股票必漲，所以你想玩遊戲的話，到頭來肯定被他玩。奉勸喜歡玩這種飆股的人務必小心！筆者說的不是廢話，讀者中就真的有好幾位一直在動這種「無量飆股」的腦筋。例如圖 2-27 的「圓方」（5395），它是上櫃公司的股票，屬於營建股。尾盤買它一張，就可以把股價拉上漲停板！

圖 2-28 可以看出 2012 年 3、4 月份曾經有人進出過。其實，這樣冷清的股票，連小散戶都可以當主力。當它有量時，股價就有波動，沒量時橫盤再久也不算什麼「潛伏底」，因為根本不必吸收籌碼，主力真要拉的話，幾十張就可以把線型拉得像「巨浪滔天」了。請見圖 2-28，該圖左側的線型就是有人在玩，但一天最大的成交量也不過是 2012 年 4 月 11 日的 51 張而已。

圖 2-27

（圖片資料來源：XQ 全球贏家）

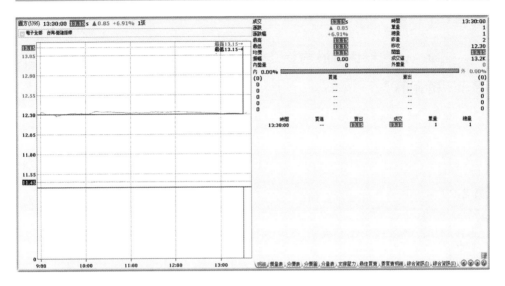

圖 2-28　　　　　　　　　　　　　　　　　　　（圖片資料來源：XQ 全球贏家）

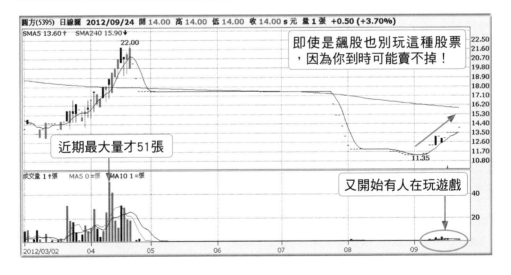

所以尾盤如沖天炮，一口氣急拉漲停或接近漲停的個股，首先要看其「成交量」。

建議：選擇操作個股前要先過濾股價 5 元以下及五日均量在 500 張以下的個股！

舉個尾盤拉漲停的例子——2012 年 9 月 6 日的「新日光」（3576）。

圖 2-29 （圖片資料來源：XQ 全球贏家）

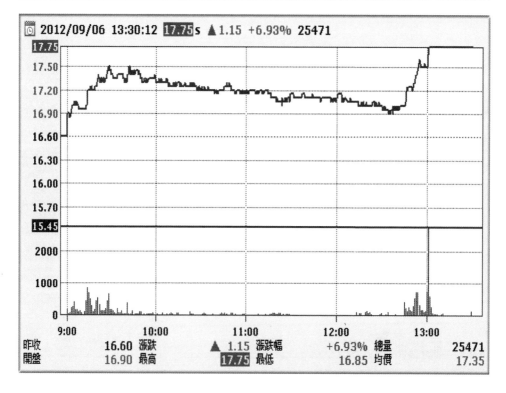

「新日光」在尾盤拉漲停，可以追嗎？

在 2012 年 9 月 6 日拉尾盤到漲停的「新日光」是一檔電子股，屬於太陽能的概念股。

在這一天買進，怎能不獲利呢？

它的收盤價也不過 17.75 元，買進後到 2012 年 9 月 19 日才出現「流星」的賣出訊號，最高到 21.2 元。

從 17.75 元到 21.2 元之間有這樣的差價，何時下車都是獲利的。

 圖 2-30　　　　　　　　　　　　　　　　　　　（圖片資料來源：XQ 全球贏家）

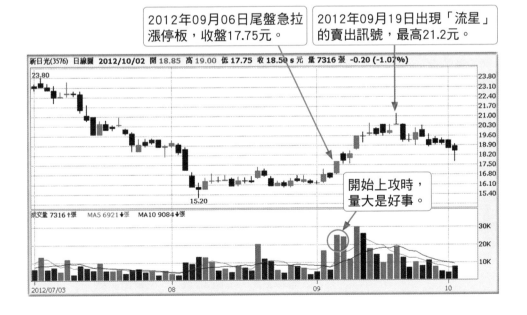

2012年09月06日尾盤急拉漲停板，收盤17.75元。

2012年09月19日出現「流星」的賣出訊號，最高21.2元。

開始上攻時，量大是好事。

▶Point *08*　只向讀者透露的漲停板秘密

「尾盤如沖天炮，急拉漲停或接近漲停」的個股，如何看待及因應呢？

請見圖 2-31，筆者在「新日光」落底（15.2 元左右）、向右橫盤的時候，即開始密切注意了。

圖 2-31 　　　　　　　　　　　　　　　　　　　　（圖片資料來源：XQ 全球贏家）

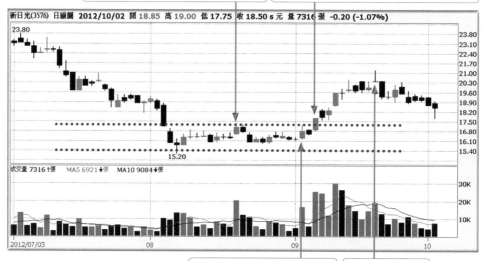

2012年08月21日是個試盤買點，收盤17.1元，漲幅4.91%

突破股價行進軌道的最佳買進點！2012年09月06日第一個漲停板。

09月04日即將攻擊了！收盤16.8元，漲幅3.7%

09月19日出現賣出訊號

【小評析】

一、2012 年 8 月 21 日是筆者最早注意到「新日光」的「試
　　盤買點」。可惜當時資金已買了其他股票，並未在此
　　著墨，但到了 2012 年 9 月 4 日，發現橫盤整理的「洗
　　盤」動作即將結束。這是第二個注意點。不過，等我
　　真正介入時，則是 2012 年 9 月 6 日的第一個漲停板！

二、9 月 6 日的第一個漲停板，意義非常重大，因為它突
　　破橫盤高點（股價行進軌道的箱型頂部）是最佳買進
　　點！8 月 21 日只是試盤買點而已，因為它只有 4.91％
　　的漲幅，還不知得等多久才會見到這檔股票要攻擊
　　了！其次，9 月 4 日則是一個即將發動攻擊的轉振點，
　　可惜當天的漲幅只有 3.7％。只有 9 月 6 日的漲停板，
　　才是正式宣告攻擊了！為什麼呢？因為漲停板和非漲
　　停板的壓力不同，要鎖住漲停板所耗的銀子非同小
　　可。一旦鎖住漲停板，再不攻擊，就沒有利潤了。這
　　是一種「騎虎難下」也是「志必在得」的位置！所以，
　　我必須看到漲停板，才相信主力非攻不可！

三、買進 9 月 6 日的漲停板之後，首先第一件事就是趕

快去看看盤後的籌碼統計，究竟是誰把股票拉到漲停板？仔細的研究後，完全了解了。但為了幫大戶們保密，也就不詳列他們的資料了。大致上我已查出是這麼回事：9 月 6 日有隔日沖大戶把這檔股票拉到了漲停板，平均買進價格是 17.64 元，且在第二天全出光了，平均價格是 18.02 元。數量大約是 1500 張左右。這是一次成功的「隔日沖」。

四、為什麼隔日沖大戶成功出脫了股票，股價卻沒有跌下來，反而更往上走呢？答案是一位厲害的主力。他 9 月 6 日沒什麼大動作，卻在隔日沖大戶準備出貨的第二天把全部的籌碼都接走了！數量也差不多。但是，這位大戶並沒有在隔一天賣光，所以股價就上去了。

五、好笑的是，隔日沖大戶發現股價並未因他們出脫而下跌，忍不住又在 9 月 11 日再度介入，又於 9 月 12 日出脫（一樣是玩隔日沖），但是，這一回可沒那麼幸運了！他們這次賭更大，大約使用了兩千張的股票交易，不料卻賠錢！大約平均買價是 19.52 元，卻以平均 19.47 元的價格停損。我不明白為什麼要停損？也許有其不得不隔天軋掉的苦衷。

六、隔日沖大戶的手法，據筆者的觀察是：第一天以多買少賣為主，第二天是以多賣少買為主，這樣就把所有持股出清了。這和他們以前的手法不同了。從前他們是第一天「只買不賣」，第二天採取「只賣不買」的手法出脫。現在，大概大家都知道了，所以沒人要在第二天買股票，免得成為被倒股票的「冤大頭」，他們只好自己拉——例如小買 500 張，製造「假買氣」，然後再趁機賣股票——在買氣的「假相」中出脫 2000 張。這樣就等於出掉 1500 張了！

　　不過，這種手法玩久了，就被真正有實力的主力利用了－－

　　有實力的主力會把他們的籌碼全部接走，趁機連拉三、四個漲停板。這種案例，我目睹過。我也不想擋人財路，所以只好幫作手們保密了！

　　畢竟我不是檢察官，我只是研究得比較徹底——只想做一個「地球上最了解台股的投資人」而已！

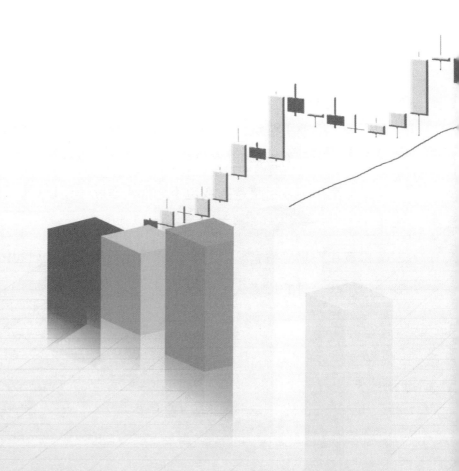

chapter 3

抓漲停板的時機

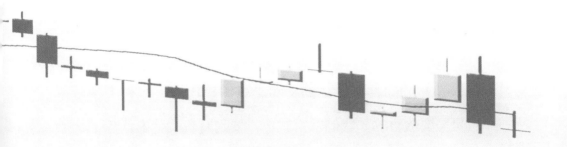

▶ Point 01　確定大盤可以作多，才是抓漲停時機

國外有個記者採訪老演員查理斯 · 科伯恩。在結束訪談前，記者提了一個很普通的問題：「在演藝生涯中，你覺得成功的最大因素是什麼？當然，每個人的資質都不一樣，可否告訴我們：成功者之所以成功，需要的是什麼？大腦、精力、還是教育？」

查理斯 · 科伯恩搖了搖頭，說：「雖然你所說的這些東西都可以幫助你成大事，但是我覺得還有一樣東西更重要，那就是：看準機會。」

這位老演員的回答是正確的。在股票市場操盤，要想「如魚得水」，也是需要機會的。我們常常說，「要到有魚的地方釣魚」，才容易釣得到、釣得多，或者容易釣到大魚；在沒有魚或魚很少的地方釣魚，就好像「緣木求魚」一樣！以台股來說，「作多」者能否成功，並非看這魚池有沒有魚？而是魚來不來。魚很多，就適合釣魚；魚不來，就沒輒了。所以，作多的最高級手法──抓漲停板，就得看看究竟魚池裡有沒有魚，以及魚來不來。

抓漲停板，就先要張網以待。觀察適合作多的時機，善於發現「魚

多了」的時機，才容易有「大魚入池」。怎麼看何時是作多的時機呢？何時作多，大盤才不會突然翻臉、給你挨巴掌呢？

多空的辨別方法很多，但我認為站在「長線保護短線」的立場，最穩健的方法就是看看法人的中期思考。具體可分三點觀察：

一、台股主管單位的態度和大股東的持股部位。

二、看看大盤（加權指數）或個股是否「黃金交叉」，同時還要揣摩法人的想法。

三、從期貨的大額交易人未沖銷部位的表現，也可以看出端倪。

▶ Point *02* 大股東的態度，從年線就可以看出來

大股東的態度，決定了大盤的方向。因為大股東對自己的產業面是最清楚的。他們買股票的成本，說穿了，就表現在「年線」上。大股東的心思，完全表達了「基本面」的特色。當大股東從股價棄守，就會讓股價跌跌不休，這是散戶、小股東無可奈何的事！

簡單地說，「年線」就是大股東的「成本線」，一旦跌破，都是可以放空的，跌幅多半很深。不過，這其中必須觀察是「假突破」，還是「真突破」？是「假跌破」，還是「真跌破」？才不會弄巧成拙。

舉例來說，請看圖 3-1，在圖中，標識❶、❷、❸、❹，分別是什麼意思呢？

　　2012 年 9 月 6 日是不是該作空了呢？ 9 月 7 日能不能作多呢？若你能夠回答這問題，表示你對多空的掌握，已有很高的研判能力。

　　實情是這樣的，在圖 3-1 中❶的位置所呈現的是 SMA60 和 SMA240 的交叉。也就是說，SMA60 向上穿了越 SMA240。這代表什麼訊息呢？在這個階段可以作多嗎？若可以，為什麼股價向下？

　　其次，我們看在圖 3-1 中❷的位置所呈現的，也是 SMA60 和 SMA240 的交叉。但是，這一次的交叉，卻不同於❶。也就是說，SMA60 向下穿了越 SMA240。這代表什麼訊息呢？什麼股價下跌數天之後，又變成向上的趨勢？在這個❷的位置，可以做空嗎？

　　再來看看，在圖 3-1 中❸的位置所呈現的是一堆盤整期的股價，它有多頭的未來嗎？如何研判是多頭，還是空頭？最後它們又跌下了 SM240，是否行情要轉為空頭了呢？既然 2012 年 9 月 6 日跌破了 SM240，那麼這一天是否可以放空呢？

　　最後，我們再來看看在圖 3-1 中❹的位置，這一天是 2012 年 9 月 7 日，這天的前一個交易日（9 月 6 日）技術線型才走空而已，而本日開盤就開高，這是什麼意義呢？莫非又由空轉多？投資人如何為多空定位呢？

圖 3-1　　　　　　　　　　　　　　　　　　　　　　　（圖片資料來源：XQ 全球贏家）

加權指數(TSE) 日線圖　2012/10/18　開 7474.07　收 7456.62 ↓點　量 415.84 億　-7.78 (-0.10%)

SMA60 7299.59↑　　SMA240 7395.52↑

8130.52

❶　　❷　　　　　　　　　　❸　　　❹

> 2012年09月07日可
> 以作多嗎？

6857.35

成交量 843.43 ↓億　　MA5 797.86 ↑億　　MA10 751.44 ↑億

> 2012年09月06日是
> 否可放空？

2012/03/16　　　05　　　　06　　　　07　　　　08　　　　09

▶ Point　**03**　　**懂得真、假突破，洞悉多空奧秘**

　　答案來了－－多空定位是必要的，而且是可以明確的，只要懂得平均線的概念，一點都不難。我的意思是說，「股市的規律」是有的，但它並非一成不變。你得了解，股市有個「測不準定律」，就是它也會改變的，但這種改變無礙於我們的精確研究。首先，你要知道，什麼叫做「真突破」與「假突破」、什麼叫做「真跌破」與「假跌破」。

　　「突破」是個很重要的概念，突破就是突破了，但是「人為的改

變」、「基本面的突然改變」（有時不該說是改變，只是新的公布而已。例如消息誤傳之後被澄清，或財報結果和預期差太多等等），也會造成「真」、「假」的分野。基本上，我們都認定以「三天」為準，三天內若仍延續本來的方向，那就是「真」的突破或跌破；三天內改變了原來的方向，就是「假」的突破或跌破。這樣，懂了嗎？

圖 3-2

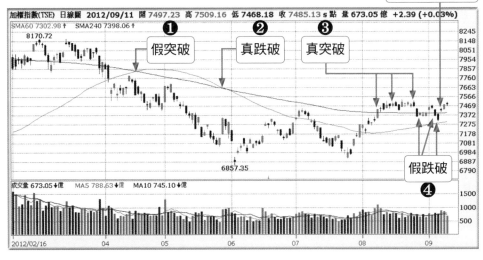

在圖 3-2 中❶的位置所呈現的是 SMA60 和 SMA240 的交叉。也就是說，SMA60 向上穿了越 SMA240。這代表的訊息是「假突破」，

關鍵在：個股的股價或加權指數仍在 SMA60 和 SMA240 兩條均線的下方。所以，本來可以做多，由於是「假突破」，就不能做多！拉起來接近兩條均線（而沒有高於兩條線）時，反而是「空點」。

看完圖 3-2 的❶位置的「假突破」再來看圖 3-3，在 SMA60 和 SMA240 的交叉後，一般新手都以為「短天期的均線」向上突破「長天期的均線」是該做多，結果相反，我們要做空！是的，5 月 4 日的高點反而是放空點（我這樣說是比較簡單化，另還要看成交量及其他指標）！事實證明這樣的研判才是正確的。5 月 4 日高點 7704 點在放空之後，到最低的 6857 點，是相當大的跌幅！

懂得多空研判，你會賺大錢的！

圖 3-3　　　　　　　　　　　　　　　　　　　　　　（圖片資料來源：XQ 全球贏家）

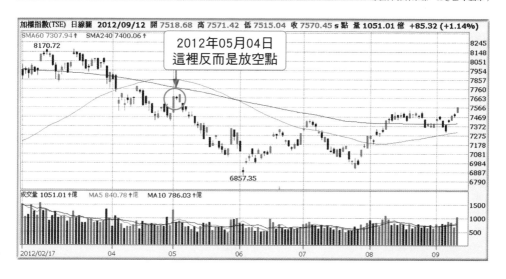

▶ Point *04* 虛心研究多空，玩漲停才不心虛

圖 3-4 中❷的位置也是 SMA60 和 SMA240 的交叉。

但這次的交叉卻不同於❶。也就是說，SMA60 向下穿越 SMA240。

這代表是「真跌破」！

圖 3-4   （圖片資料來源：XQ 全球贏家）

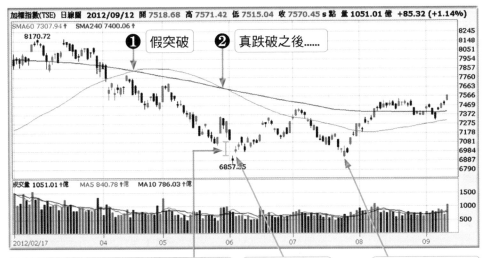

06月01日和06月04日，這兩個連續交易日的中間，有一個「竭盡缺口」，代表空頭的悲情已過，行情將反轉為多頭了！當時初判6857點是短期底部。不過，仍待確認。

06月05日起始跳空缺口，關鍵低點6967點不可跌破。

07月25日收盤6979點，沒跌破6967點，終於確認多頭時代來臨！

原本「SMA60 向下穿了越 SMA240」是很嚴重的事，因為季線是法人的成本區，年線是大股東的成本區，一旦季線跌破年線，那是很不妙的「死亡交叉」，尤其個股的股價或加權指數都在 SMA60 和 SMA240 兩條均線下方。

那麼，為什麼在「真跌破」之後，卻不是做空的好時機呢？基本上，高手是可以放空的，但是手腳要快。因為 2012 年 6 月 4 日，台股有了一個翻天覆地的大改變了。看圖 3-6 即知，這一天跌了 211.43 點，跌幅 2.98%。它和前一個交易日中間構成了一個竭盡缺口，讓整個台股行情有了「大逆轉」！也就是空頭行情的終結者，代表空頭的悲情已過，行情要轉為多頭了。從其後的兩個收紅的交易日來看，2012 年 6 月 4 日的 6857 點無疑成了短期底部。

筆者說過，承出版社美意將我號稱「神準天王」，但我可不是上帝或神，一向不主張斬釘截鐵地判斷，寧可「且看且走」。我認為，2012 年 6 月 1 日和 6 月 4 日這兩個連續的交易日的中間，有一個「竭盡缺口」，代表空頭的悲情已過，行情即將反轉為多頭了！當時初判 6857 點是短期底部。不過，仍待確認。

可喜的是這個底部的第二、第三天都是收紅，尤其 2012 年 6 月 5 日（見圖 3-7），開盤就是 6988 點，相較於前一個交易日 6894 點（見圖 3-6）大漲了 94 點。這樣的跳空，就形成了 2012 年 6 月 4 日以

來的第一個「起始缺口」。關鍵低點是 6967 點，不可跌破，否則就不是真的「底部」了。

經過一段技術線型的拉起再回跌之後，直到 2012 年 7 月 25 日，收盤 6979 點，並沒跌破 6967 點，筆者終於確認多頭時代的來臨了！

當你準備玩「漲停板」，一定要建立在多頭時代的來臨。在多頭時代來臨，玩漲停板比較不「心虛」，也比較不容易出意外。而先決條件就是你必須先「虛心」研究多空的分野！

現在，我們再回到圖 3-1。在圖 3-1 中❸的位置所呈現的是一堆盤整期的股價，它有多頭的未來嗎？如何研判是多頭，還是空頭？最後它們又跌下了 SM240，是否行情要轉為空頭了呢？既然 2012 年 9 月 6 日跌破了 SM240，那麼這一天是否可以放空呢？

這個問題，已經在前面仔細解說了，我用大的方向來宏觀整個股市的走勢，難道還不足以解釋小小的枝節嗎？既然已經是多頭時代的來臨，一切都要站在多頭的思維上。就好比你已經從一些大的方向，看出某一個人是個善良的「好人」了，那麼偶而他說錯話（也許是無心的失言），又何必和他計較呢？所以，筆者說❸的位置所呈現的雖然是一堆盤整期的股價，但它的未來仍然是多頭的。趨勢一旦形成，就很難改變！在圖 3-1 中❹的位置，這一天是 2012 年 9 月 7 日，這天的前一個交易日（9 月 6 日），技術線型才走空而已，而本日卻開

盤就開高？這代表什麼意義呢？莫非又由空轉多呢？當然不是的。那麼，怎麼知道不是呢？請看圖 3-5，2012 年 9 月 5 日及 9 月 6 日的加權指數已經觸及並跌破 SM240，可是我們又發現 9 月 6 日其實是一種「假跌破」，因為才過一天，多頭立刻把「失土」光復了！

圖 3-5

2012年09月07日開盤7434點，以跳空方式大漲108點，顯然是很有誠意的多頭「使者」。

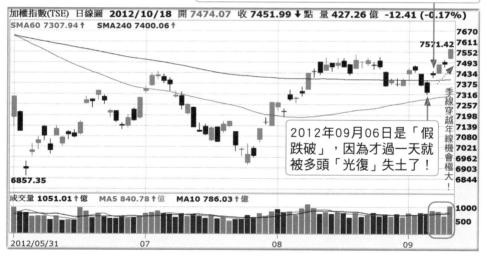

2012年09月06日是「假跌破」，因為才過一天就被多頭「光復」失土了！

2012 年 9 月 7 日開盤 7434 點，比起 9 月 6 日收盤 7326 點，大漲了 108 點，如此以跳空方式上揚的態度，明顯是很有誠意的多頭「使者」。接著，加權指數出現了連四紅，到了 9 月 12 日，台股

的行情整個變得不一樣了！筆者認為此後的發展，如果沒有意外，季線要穿越年線的機會極大！因為我們從圖3-6，可以看出多頭的未來：

一、2012年9月12日這天，加權指數的量已經突破1000億了（1051.01億）；價已經是7571.42，漲了85.32點。顯見量價齊揚！

二、六日RSI已經穿越在十二日RSI之上。

三、MACD也已經透露出買進訊號（OSC為1.97）。

四、寶塔線已經續紅，略見突破。

五、券資比也已慢慢加溫中，2012年9月12日這天為5.43%，估計還會往上增加。

圖3-6　　　　　　　　　　　　　　　　　　　　（圖片資料來源：XQ全球贏家）

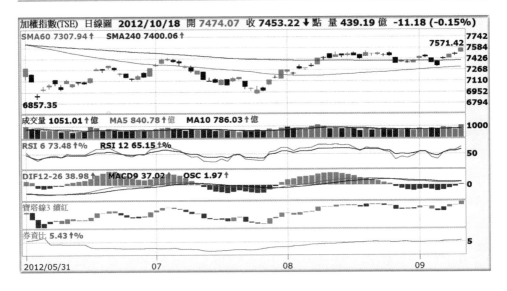

　　前面說，談到漲停板，多頭的確立及官方、大股東的態度都很重要。使我想起台股——「中纖」（代碼：1718）的傳奇故事，這個傳奇故事與「是川銀藏」的「一戰成功」，有「異曲同工」之妙！當然，我說的是「主力」的操作模式。

　　股市新人對台股有史以來第一支特別引人注意的、狂飆的股票「中纖」，可能並不了解，因為那是 1988 年的事了。但是，我敢說台股如果舉辦一次漲停板比賽，歷來跑第一的應該是中纖（代碼：1718）。1988 年，它總共連續飆了幾支漲停板，實在也不好數了。

　　那時，筆者才剛剛出道，對股票一知半解。記得一位校友告訴我，他的好友把一檔叫做「中纖」的股票，從 11.9 元吃到 156 元，啃得乾乾淨淨，一點渣滓都不剩。而我還有一位學長也買了，據說是四十幾元才買到（從頭到尾天天漲停板，只打開過兩、三次。他天天掛漲停板買，就是在中纖漲停打開時買到的），卻感到「幸福無比」，每天一起床，股票就跳空漲停，一價到底！這位學長在 156 元那天見到漲停板打開了，正想賣股，卻因賣壓太大，股價被殺到跌停板，其後天天跌停板，直到 121 元才賣掉。事實上，中纖這檔股票在 1988年 1 月 14 日開始發動攻勢以來，幾乎有半年時間是天天漲停板（那

時一個漲停板的漲幅上限大概是 3％），中間只有四十幾元時打開過一次，但很快又關起來；六十幾元時又經過一次換手，直到 156 元才偃旗息鼓。

1988 年 7 月下旬之後，很多手上沒有中纖、卻日日看著它漲停的人實在受不了了，紛紛質疑這檔股票的價值。新聞開始多起來，各方開始注意，它的股價終於在半個月之後噴出、滑落了。

當年筆者仍很稚嫩，並不了解內情，但近年在做研究時，根據當時難忘的記憶及事後資訊的追溯，總算把這檔股票的細節弄清楚了：

一、中纖在 1987 年 12 月 8 日下市，而在 1988 年 1 月經過減資又增資，於 1988 年 1 月 14 日重新恢復上市。在開紅盤的當日，開盤 11.9 元，最低價就是 11.9 元了，當天並以 12.5 元最高價作收。

二、中纖從 1988 年 1 月 14 日以最低的 11.9 元起飆，到 8 月 12 日以 156 元高點出貨，主力在七個月，讓股票漲幅高達 13.1 倍！雖然它的漲幅不是歷來最大（例如台股六十年代的農林與工礦，七十年代中期的國壽，都是典型的大飆股，在結束飆漲後，它們上漲的幅度，從底部算起另加除權配股的價值，均高達五十倍以上），卻是最成功的一檔主力股。炒作的主力後來也因證據不足被無罪釋放了。

三、在中纖飆漲過程中，技術分析完全失靈。它的漲勢，可說是一頭怪獸。幾乎是一波到底，中間絕少休息，更不分什麼波段了，這

與艾略特的波段理論（多頭市場）完全風馬牛不相及！（見圖3-8）

圖 3-7

（圖片資料來源：XQ 全球贏家）

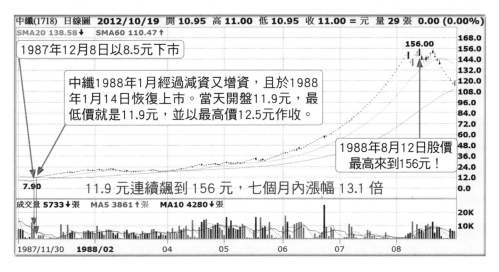

圖 3-8

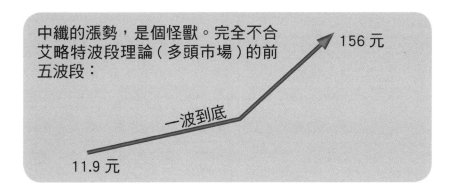

在中纖的飆漲過程中，它的技術線型包括：DMI、RSI、KD等等

技術指標，都已經鈍化了。它的寶塔線也是一路飄紅的場面；它的 MACD 拉出了最長的紅磚牆，實在無從研判什麼。可以說，在技術線型上在艾略特的波段理論（多頭市場）的前五波段，我們只能把它當一波段結束了，無法解釋的。請看圖 3-9 ！

圖 3-9　　　　　　　　　　　　　　　　　　　　　　　（圖片資料來源：XQ 全球贏家）

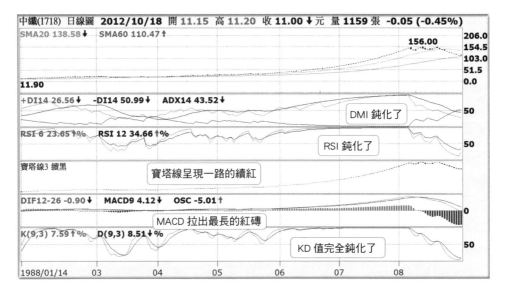

四、但是在中纖主力「曲終人散」的出貨過程，它的技術分析卻暗合了艾略特的波段理論（空頭市場），第一波段下殺後，第二波段反彈；第三波段又下殺，第四波段反彈；第五波段再下殺，就到了低檔的「長期底部」大買點了。那個買點出現的時間是 1989 年 1 月 6 日！從 156 元的高點，殺到最低的 59.5 元。

圖 3-10

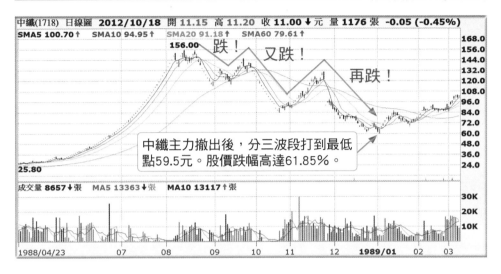

（圖片資料來源：XQ 全球贏家）

圖 3-11

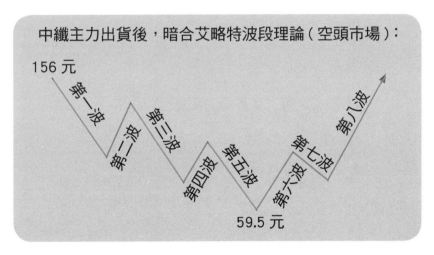

（圖片資料來源：作者提供）

▶ *Point* **06** **飆股落底之後，長線底部區的發現**

從中纖的事件，筆者有了以下的省思及發現：

一、高檔跟著作空會比低檔作多，容易掌握：

艾略特的八個波段，在狂飆時技術面常常失靈，可是由多轉空之後，卻又恢復常態。這時，作空比作多準確。主力的成本價位，我們常常是在事後（甚至隔幾個月之後）才知道，可是主力出貨的時候，一般都容易暴露行藏，在技術面呈現的訊息非常明顯，很容易在短期內發現。如果因應這種情勢適時作空，反而容易賺錢。也就是說，主力常是「帶進不帶出」的，那我們就「跟出不跟進」吧！

當然，現代的主力（包括三大法人）都很聰明，他們偶而也會選擇沒有融資融券的股票，使你明知他們出貨了，如果事先沒買該檔個股，也撈不到什麼好處。不過，比較厲害的主力懂得在出貨的時候順便放空，這樣我們反而可以跟他分享戰果了！

二、飆股走完艾略特的八個波段，就是底部：

艾略特的八個波段在空頭市場走完下殺的明顯三大波段（小波動不予理會）之後，個股會出現落底現象，這是長線投資人的絕佳買點。

從中纖 1988 年 1 月 14 日～ 1988 年 8 月 12 日的狂飆事件，可以發現這檔個股在在空頭市場走完下殺的明顯三大波段（見圖，也可以說五個波段）之後，大底部出來了，那就是 1989 年 1 月 6 日的最低價 59.5 元（收盤 65 元）。

　　中纖從落底（1989 年 1 月 6 日）之後的 59.5 元，到 1989 年 5 月 25 日的最高價 167 元，總共獲利 2.8 倍也相當可觀了！

　　從「飆股走完艾略特的八個波段，就是底部」的驚異發現，我們可以運用在任何時點上的大盤或個股，其準確性是相當高的。

圖 3-12　　　　　　　　　　　　　　　　　　　（圖片資料來源：XQ 全球贏家）

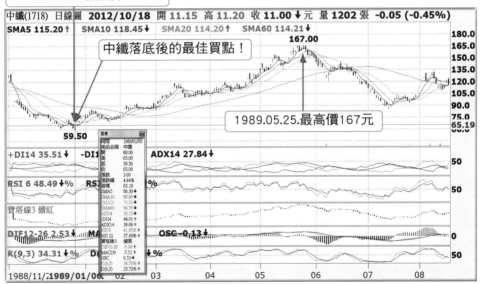

三、真正狂飆的股票與形象無關，爛股居多：

散戶與主力思維不同之處，常是散戶喜歡選擇公司形象好的股票，可是偏偏好股票不飆，飆的卻是糟糕的公司。

以中纖來說，它也曾經是個好公司，可是在它形象好的時候，股價並未有什麼傑出的表現；反而在不好的時候，大飆特飆。

事實上，中纖曾經輝煌過，也曾經是股市的績優股，吸引過相當多的實力派人士，角逐它的經營權。1974 年，賴清添領導的中纖，不論財務結構、企業體質都相當良好，當時新光集團、南紡集團、榮興集團，都參與中纖的投資；然而兩年後，由於賴清添病倒與新光集團的向經營權挑戰，使中纖開始分裂。在當年，中纖由盛而衰，嚴格說來，不完全是能源危機與經濟不景氣造成的，真正的原因是經營權之爭。

在賴清添病倒後，由中纖總經理嚴希傑逐漸取代，並與吳火獅達成協議。但吳火獅、嚴希傑搭檔時期並不長，因為嚴希傑當時企圖心很大，加上王朝慶的介入，吳火獅只幹了一任董事長，就把這個職位讓給了嚴希傑。

然而，這時中纖已遠不如當年了，公司內部的體質早已變成多病的軀殼，等到嚴希傑匆匆離職時，留給王朝慶的已經是病入膏肓、難以救藥的「問題公司」了。

碰巧 1988 年有半年時間，乙二醇產品缺貨，使得中纖「奇貨可居」，成了市場追金逐利、炒作股價獲取暴利的對象。據說當時公司大股東、市場游姓、雷姓、蔡姓主力及布商，輪番介入，炒作拉抬無所不為。市場上有關中纖 EG、資產的虛虛實實；大股東、主力之間的放空、軋空等流言不斷流傳……中纖三十年演變史，暴露出許多的問題，但偏偏在這種形象不良的時候，股價卻大飆特飆！

　　所以，僅從基本面著眼的投資人，根本不會選擇這樣的公司。但當此檔股票天天漲停板時，身為散戶的你又會如何看待呢？

　　專家指導散戶，通常告訴你「選股之前，先選經營者」，但是，事實上飆股多半是「人」炒作出來的。

　　績優股在「票房」上有時還真是毒藥呢！

　　這就是筆者為何輕「基本面」而重「技術面」的主因。記得早年（特別查出是 1995 年，見圖 3-13），有一次筆者深入研究「和成」（代碼：1810），發現這家公司的經營者非常棒，致力本業，不炒股票，是一檔基本面相當好的績優股，從每年配股配息算起來，如果做長期投資的話，大約每四張「和成」股票，過一年就會變五張。真是不錯的利潤。後來機緣巧合，我還受邀到該公司一位主管位於鶯歌的「透天厝」家中坐坐，這位朋友是非常敬業的模範勞工，不炒股票的。憑著公司的員工配股、配息，十幾年努力工作下來，就由一個「黑手」

（指機械模具加工從業人員）變成擁有五層樓房的小富翁。他的人生故事讓我感動。結果，筆者就買了這檔股票，夢想這檔股票也會使我發財。不料，當我在125元買進之後，沒多久就變121元了，最後在119元左右的價位認賠了。認賠之後，仍一直關心它，眼見它直落到八十元左右才不再看它。

事實上，那時我關心它到八十元並非最低點，請看這檔股票的年線吧，那一年我剛好買在次高點（最高價126元），其實最低點是37元。大約2000年總統大選（政黨輪替）那年最低還曾到4.78元！

圖 3-13 （圖片資料來源：XQ全球贏家）

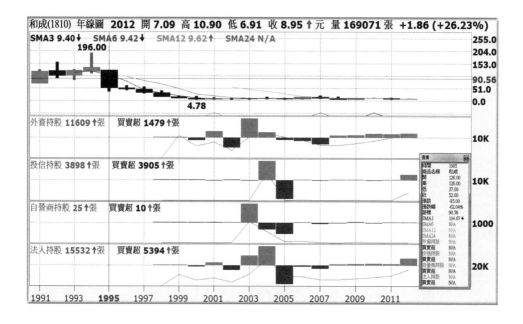

夢醒幾年之後，筆者才慢慢悟到，那時正好碰到空頭時期，所有的股票都下來了，並不只「和成」一檔而已。同時，我的進場也忽略了股票「籌碼」的問題。事後我才查閱到原來我買的時候，投信大量出貨，股票才會急轉直下，完全沒有支撐。

筆者就以這個現身說法，與讀者分享吧！公司經營者形象好的股票，不一定是萬靈丹。投資人還應考慮到大盤的位置、股票的籌碼和技術面、是否進場的時機等等問題。

四、主力以消息面欺敵，散戶無法判斷

值得注意的是，固然我們可以用技術面來看行情背後的魔手如何在運作，但是，如果不從基本面了解股票的潛力，就不容易得到大波段的大幅獲利。如果你能逮到中纖這樣的股票，獲利就絕不是小鼻子、小眼睛了。

但是，如何了解主力是採取欺敵的手法呢？

這一點，我們又得回到本篇之初談及的「是川銀藏」。

「是川銀藏」所以選擇 1982 年買進住友金屬礦業股票，是因他在朝鮮開礦時，曾聽到鹿兒島發現金礦。為了證實消息真假，他立即趕到現場，調查後發現當地雖然只有出產低品質礦脈的礦場，但附近地區可能蘊藏高品質金礦。於是建議住友公司以五億元日幣買下礦場

西邊的採礦權，但是住友公司知道土地的所有權人即將破產，所以只願意出三千萬。

「是川銀藏」聽到住友公司這樣的想法，內心暗自欣喜，於是自己籌措了五億元日幣買下採礦權，再趁著住友公司股價下跌時，放空追殺！

記住！是「放空追殺」哦！

最後住友公司被迫同意以 550 萬股換取那塊土地的採礦權。

交易成立後幾天，日本經濟新聞登出「住友公司擁有的菱刈礦山發現高品質金礦」，住友股價大漲，「是川銀藏」便大大地獲利！

這個歷史過程和中纖的炒作有「異曲同工」之妙！簡單地說，他們的方法都是「先空後多」！

1988 年，其實是台股的黃金時期，並非只有中纖股票連續漲停，除中纖外，俯拾皆是。所以，中纖的飆漲起先並不特別受到注意，它引起廣泛的驚異大約始自 1988 年的五月底，尤其是六月二十四日之後，它的股價就開始連續跳空漲停（記憶中至少有四十幾支漲停），才特別引起側目！虧損達十二億元、一度瀕臨艱困、股東權益淨值僅二點二五元，且於六月初聲稱三年內無股利可分派的公司，其股價狂飆，甚至超過績優股南亞，簡直是台灣股市的「怪獸」；作手為所欲為、操縱股價的程度，已使主管機關，不能也不敢再裝聾作啞了。

於是，當時證券交易所決定發出預警，監視中纖股票進出交易，後來，根據中纖公司檢送那一年一至五月份業績報告資料，該公司產銷營收情形，其中乙二醇(EG)較前一年同期增加四億五千餘萬元，約成長百分之一百廿三點七八。該報告中說，因為當年五月初美國乙烯發生意外，使全球 EG 供求失調，加以第三季後，抗凍劑步入旺季，預期 EG 價格將大幅揚升。

中纖的報告，似乎把股價的漲升全歸功於 EG，其實中纖股價之所以狂飆，雖然受惠於 EG 價格暴漲，然而，據說雷伯龍、「阿不拉」等市場大亨、法人機構及中纖大股東一起參與炒作也是原因之一。

根據我認識的一位主力外圍人士在近年回憶時告訴筆者，當年中纖是扛著一麻袋一麻袋的股票，請了八家公司把籌碼鎖死。從當時的新聞也可以看出，至少有三家上市的封閉式基金都買進了中纖股，其中還有基金經理人公開駁斥「外傳基金可能涉及與中纖間的內線交易」之說呢！

但令筆者記憶猶新的是中纖公司大股東及作手聯合「玩弄」股價的手法，其實是有許多蛛絲馬跡可尋的——

配合那一年年初減資再增資時的動作就暫且不論，即以 1988 年五月底到六月底公司經營者前後兩次談話對照，即可看出，公司「作多」或「作空」，完全由其一手控制。

先空：公司才剛剛聲稱虧損極大，第一季獲利才二千二百萬，即使 EG 展望好，彌補虧損有望，但三年內也不會有股利可發。

後多：可是，沒隔幾天（6 月 24 日），公司卻改變語氣說，今年盈餘可達八億！隔年（1989 年）上半年就可把虧損全部彌補。

　　想想是不是太嚇人？難怪一宣布利多之後，股票就買不到了！這和「是川銀藏」先空後多的欺敵手法如出一轍！前後兩次語氣及所「選擇」發佈的事實，完全不同。原因無他，公司想作多或作空而已。

　　熟悉股市的資深投資人，對中纖的一幕滄桑史，大概都很清楚，該公司當時涉入股市炒作、股權糾紛、勞資衝突、營運艱困，一度差點淪為艱困公司等一本帳，歷歷可數。最轟動的是 1986 年 6 月，中纖負責人王朝慶涉嫌與該公司財務業務經理偽造不實的銷貨發票，向銀行冒貸十餘億元一案，王朝慶並被收押，證管會一度考慮將其改為全額交割股。但是，這樣的公司、這樣的負責人，散戶不敢買它的股票，主力卻願意聯合炒作它的股票。這就是主力和你想的不一樣！股價炒上去了，你沒賺到錢，可是到了「受不了」去追的時候，卻成了「搏傻理論」中的最後一隻老鼠！

▶ Point 07   主力對作之後的股票，跌得特別凶

五、股價對作不是壞事，但要選對邊：

　　當景氣由剝而復、股市行情由壞變好時，有些上市公司常發生大股東及市場主力因原本看法分歧，而發生無法協調，進而對作的情形。中纖在 1988 年的飆漲過程中，由於介入的主力極多，自然步調無法一致。在漲升的過程中，有幾次暴大量，股價卻沒下來，就是這種情況。換手再攻，目標一直向上。如果此時站在相反的角度，可就會被軋空了。在中纖漲停打開時，心思存「空」念頭的主力，不免被軋得吱吱叫，這更促成了這次股價的飆勁。

　　所以，基本上，一檔飆股有不同的主力對作，並不一定是壞事。投資人放空股票，預期股價將下跌，然而遇到股價不跌反漲時，投資人反而被迫必須以高價買回股票回補，就是軋空。在往上的過程中，軋空有助於股價飆漲。但是，主力出貨以後就很嚴重了。股市大跌時，多頭（融資投資人）為減少損失拋售持股，因而造成股價加速下跌，這種多殺多，更為可怕。

　　市場主力與上市公司大股東之間的關係原本就極為微妙，一般主力在介入某一檔股票操作之前，大都會先向大股東打個招呼，特別是部份對進出股票向來頗感興趣的大股東，市場主力必會拜拜碼頭，能

取得大股東的配合以做奧援是最好，否則也希望大股東在主力拉抬的過程中，不要出其不意的扯後腿。

可是，當行情走勢不明朗時，便會出現大股東與市場主力因看法分歧而形成對立，甚至演變成不歡而散，或乾脆展開多空的「對作」。1988年的中纖，便出現過主力及大股東長短各不同時間的對作，而使得部分市場主力在操作上倍感辛苦。據說，中纖的主力及大股東一度彼此心存芥蒂，進行了長達五個月的對作，不過，卻也促使中纖股價的狂飆，與其他有主力及大股東對立的股票走勢不同，可說是一個特例。

投資人必須知道，主力若不只一人，對作是比較好的。因為在進攻的時候，你殺、他拉，至少股價不會寂寞。如能選對邊，當然最好；萬一選錯了邊，也只是多熬幾天，股價總會再上來的。但是，如果主力都準備撤退的話，那跌幅就更可觀了。也就是說，主力對作之後的股票，會跌得特別凶！

舉一個例子來說，2007年的大毅（代碼：2478），就曾經有過一次主力對作特別凶的行情。當時大戰的兩邊主力是公司派及市場派，國巨（2327）算是市場派，想要入主大毅，但是該公司的人馬卻不想讓對方進駐。於是，大家就來對作吧！行情從37.5元買進開始，股價竟然狂飆至224.5元。

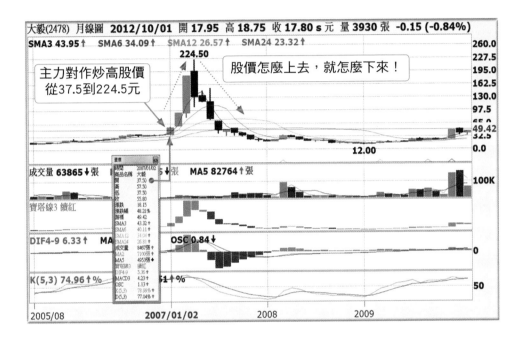

圖 3-14 　　　　　　　　　　　　　　　　　　　　（圖片資料來源：XQ 全球贏家）

主力對作炒高股價
從37.5到224.5元

股價怎麼上去，就怎麼下來！

224.50

12.00

在「大毅」的月線圖上可以看出，主力「真心」炒作的股票，一開盤就是最低點了。由於是董監事之爭，很多的動作都是檯面下的，所以從「量」看不出來。但從主力對作中，軋空（軋空手）在股價上卻反映出來了。

請注意那段期間的寶塔線和 MACD，全是直上直下的，怎麼漲上去，就怎麼下來。沒兩年，股價又從 224.5 元，滑落到 12 元了（2009年，見圖 3-14）！

▶Point 08　為同一個理由，買不同的股票

六、買不到中纖，可以買東聯：

　　我所採訪過數十位的傑出基金經理人中，有一位台大校友給我的印象特別深。她就是吳麗安。她說她決不會選擇「補漲」的股票。我經常在體會這句話。我自己在操盤時也印證過，許多所以沒跟著主流漲上來的股票，就是因為它不好，才被人忽略。直到什麼股票都漲過了，輪到它們時，市場根本不認同。所以，這種勉強「補漲」的股票壽命也非常短暫。只能以短線因應，「有賺就要跑」，決不可戀棧！

　　在類股輪漲的時候也一樣，如果你夠細心，可以發現，某一類股大漲的時候，總有某一檔股票是「領頭羊」，而這「領頭羊」不一定是股本最大、企業形象居老大地位的「龍頭股」。但當它連續有多支同一類股漲停板的時候，相信你一定也會心動。「無魚，蝦也好」，你很容易就選擇了補漲的二線股，以為它們說不定待會兒也會跟著漲停板吧。偏偏天不從人意，你買的股票只漲了三、四％，且是高價才追到的。但次日大盤輪別類股漲的時候，你會發現到補漲的股跌得更凶！反而「領頭羊」還強勢些。所以，「補漲」的股票確實是「扶不起的阿斗」，往往令人失望，那又何必買呢？

　　但是，有一種股票卻有取代的能力。當你買不到最強的飆股時，

仍然可以選擇這樣的「替代標的」。尤其是經濟景氣循環股、原物料股或產品一樣的股票。這是可行的。

舉例來說，1988年中纖大漲，有一個最強而有說服力的理由就是：那年五月初美國乙烯發生意外，使全球EG供求失調，加以第三季後，抗凍劑步入旺季，預期EG價格將大幅揚升。

EG如果缺料，豈是一家台股的上市公司可以獨享。東聯也有關係吧？是的，也可以買東聯！何況剛才說過，中纖有主力在時間點「對作」的問題。而東聯卻沒有此一問題。

事實上，大股東若與市場主力配合得宜，往往戰果輝煌，東聯即在大股東及市場主力合作無間下，成為那年漲幅最可觀的個股之一，由此也可看出大股東的威力還是遠在主力之上。

圖 3-15　　　　　　　　　　　　　　　　　　　（圖片資料來源：XQ 全球贏家）

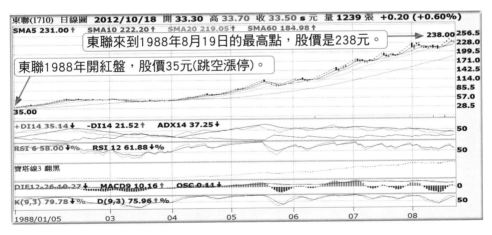

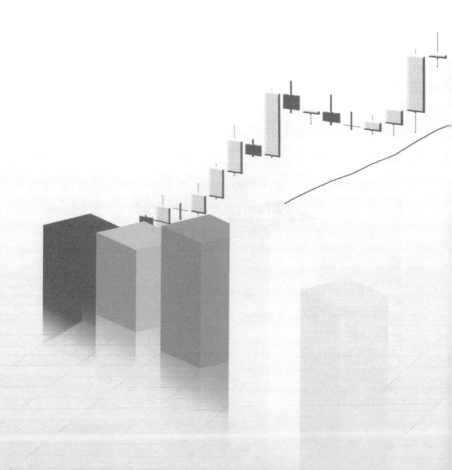

chapter 4

漲停交易的生死書

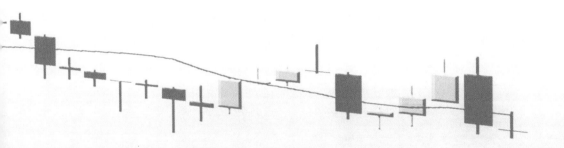

▶ *Point* ## 01 盡信消息不如無消息，小心傾家蕩產

　　大部分人買股票，都喜歡買到收盤能漲停的股票。但是，漲停板就好像科幻電影裏的「精靈」一樣。精靈有「好精靈」，也有「壞精靈」。「好精靈」固然很可愛，而當壞精靈不斷被複製出來時，也很令人毛骨悚然。漲停板也是如此，其背後有許多的漲停因素，不要認為一定是絕對美好的。尤其如果不能了解籌碼的真相，常常會讓你有被「高高舉起、重重摔下」的感覺。

　　研究漲停板，首先要分析漲停板是怎麼產生的？有從基本面漲停的，有從消息面漲停的，它們的走勢常常因主力或持股者的心態不同，而有不同的結局。

　　然而，來自基本面因素導致股價漲停板的個股，往往也是從「消息面」發現。

　　為什麼呢？

　　因為如果媒體不報導、上市（櫃）公司自己不公佈，誰也不曉得這一檔個股有什麼「利多」，股價怎麼會暴漲呢？如果沒有股價暴漲的因素支持、沒有什麼消息可以炒作，主力要把股價拉到漲停板，就沒那麼輕鬆了。

　　筆者一向最不信任的就是消息面。因為我是從記者過渡而來的，

雖然並非股票的線上記者，卻因為擔任過股票版主編，而有很多間接管道可以深入了解一些事，尤其看過太多主力爾虞我詐的真實個案。據我所知，他們有時連自己最親近的朋友都敢騙！在主力群中，我還見過，同樣一筆大成交量，甲主力偷偷放空，還告訴乙主力「已經買進了」。最後，股票一直盤跌，乙主力才知道自己被坑了！

有一位股市資歷達四十年的民間高手告訴我，他從前經營股友社時，與他合作的主力在他面前打電話交代老婆「買進」，其實在老婆那一方就按照夫妻事先約定的，作反向「賣出」……！當年什麼花樣都有，所以，他現在都不相信主力了。

是的，我也是如此。現在最不相信的就是消息面——包括財經媒體報導！我最信任的是我所了解的技術分析，尤其是我下過功夫研究的結果，那比消息面可信任得多了。

你應該也曾聽說過，有些法人由分析師公布投資研究報告時建議「積極買進」，但卻發現他們背後的外資機構在期貨市場布空單，或在現貨市場悄悄賣出吧？你以為專家的眼光、程度真的有問題？我告訴你，有時他們是「大智若愚」的！他們當然要先保護背後老闆的利益，該出貨時他會先擋一擋散戶的賣壓，不得不站在合法的邊緣，放出一些暗示性的「假消息」。他的薪水算什麼？老闆吃排骨，他們才有湯可喝！原因就是這麼簡單。

▶ *Point* *02*　從技術面研判，確定友達 8/8 起大漲

　　不瞞你說，筆者近期唯一的一次失誤，正是敗在消息面的誤信！應該說是敗在太信任營業員了。我的營業員從小女孩開始就一直做我的營業員，直到現在她已經是好幾個小孩的媽了，我們還在合作。她顯然不會害我。但是，將近二十年的時間裡，其實我們除了「公事公辦」之外，也沒什麼私誼。在我的印象裡，她始終是個「基本面」的信徒，偶而談及某一檔股票，她講的都是財報的數據，尤其是公司營收如何。這點和我有很大的差異，因為我買賣進出主要是依據技術面。有好幾次的經驗證明，她用基本面觀察個股的表現，一點都不準，甚至常與股價背道而馳。

　　「友達」（2409）是我不常操作的股票，一來因為它的股本高達 882.7 億元，聽起來就是跑不動的大牛股。何況它的「股東權益報酬率」（巴菲特最看重這一項數據）竟然是跌的──負 6.18％。雖然它的股價淨值比只有 0.52 元，但那也不吸引我。我開始注意它，是在 2012 年 8 月 8 日，這一天是我確認它可以買進的時間點。

　　如果你是做中長線的人，我就會建議你買進。唯一必須注意的是：8 月 8 日以後的三個交易日內，不能跌破 8.19 元。一跌破，就必須忍痛停損！

我是做短線的，我要觀察的是它什麼時候發動攻擊。一發動我才要跟進，這樣我才能省下一大段「等待」的盤整期。這是一種「投機」的概念，也是技術分析的上乘功夫！可是，沒想到我卻誤信營業員好意提供的消息而慘賠了一大筆錢！

　　現在，我就把如何研判 2012 年 8 月 8 日這一天是我確認可以買進的時間點吧！

　　請看圖 4-1，我在友達一役中慘敗的過程：

圖 4-1　　　　　　　　　　　　　　　　　　　　　　（圖片資料來源：XQ 全球贏家）

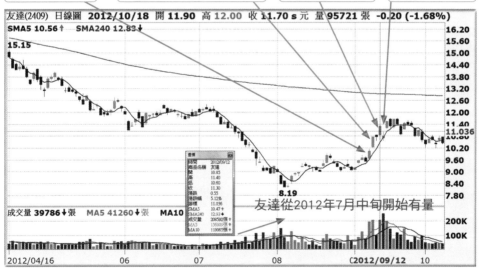

2012年9月7日開始爆大量(當天19萬多張)上漲。

因疏於留意，坐失2012年9月10日介入友達的良機！這一天友達漲停板，收盤10.75元

我在9月12日介入，相信還可以賺錢，因為量能還在。

誤信友達的消息，認賠一大筆錢，賣在跌停板！

一、開始關注期（2012 年 7 月中旬～ 8 月初）：

　　所謂「利多出盡是利空，利空出盡是利多」，當友達在長期的大跌之後，突然成交量有所變化了。這時就該注意它的走勢。股價下跌，量卻大增，本是惡兆，也就是說「量大不漲」，可是在 2012 年 7 月中旬～ 8 月初之間，它是在低檔的位置。這表示大跌之後有接手了！否則應該是「無量下跌」才對。因為「無量下跌」是表明「沒有人願意接手」。一旦有人接，那倒是喜訊，因為那是「換手量」。這時要注意「友達」的量能是否持續在增加中，同時要觀察它的「換手率」（周轉率）的變化。

▶Point *03*　「晨星十字」組合，比「晨星」更強

二、確認作多日（2012 年 8 月 8 日）：

　　如何確認 8 月 8 日是可以中線買進的日期呢？很簡單。請看圖 4-2、圖 4-3、圖 4-4，2012 年 8 月 6 日～ 8 月 8 日的「友達」（2409）這三天的 K 棒組合，其實已經組成了比「晨星」更強的線型了！那就是「晨星十字」！

　　「晨星十字」是什麼呢？它為什麼比「晨星」更強呢？因為它是

「星形」、「星形十字」以及「晨星」的總結合，由三根 K 線形成（見圖 4-2）：

❶是第一根 K 棒，也是已經大跌一段之後的第一根中長黑的陰線，這時趨勢仍在下跌中。當天開盤 8.53 元，就是最高點了，而收盤 8.21 元也是當天的最低點，顯見悲情仍未見改善。而它的成交量 82, 588 張，已有縮減，比 MA5 和 MA10 都小。這表示有了小小的「煞車痕跡」。

❷是第二根 K 棒，這根 K 線，就是「十字線」，有明顯變盤的意思，尤其我們看當天的量更縮小了，成交量只有 54,069 張，比 MA5 和 MA10 都小，也比前一天的 82,588 張更小。這表示「煞車痕跡」更明顯。止跌的訊號已經產生。不過，這一天還不是進場買股票的時機。所以，站在技術派的立場，當天開 8.25 元，收盤更拉到 8.27 元，仍然要等到次一日的表現來加以確認。如果隔天不漲，那就絕對不能叫做「晨星十字」的攻擊態勢。

❸是第三根 K 棒，這一定要是一根陽線。不僅如此，它還必須和前一天的「十字線」中間，留有「跳空」的特徵。惟有「跳空」才能展現出即將上漲或馬上就要大漲的「誠意」！

一般「晨星十字」較少出現在週線圖中，但在週線圖裡，還是很管用。不過最好也能分辨大盤趨勢是中長線的「多」？還是「空」？

圖 4-2

（圖片資料來源：XQ 全球贏家）

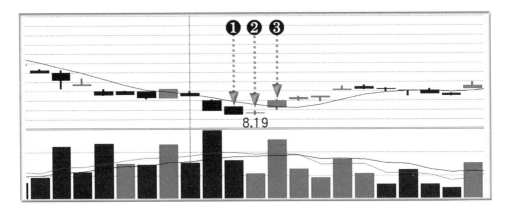

以上這第一、二根 K 棒的成交量是遞減的（因為是向下），而
第三根 K 棒的量卻必須是遞增的（因為是向上）。這三根 K 棒形成
V 型的強勢反轉向上的力量，自然會比「晨星」強了！

圖 4-3

查價	⊠
時間	2012/08/06
商品名稱	友達
開	8.53
高	8.53
低	8.21
收	8.21
漲跌	-0.16
漲跌幅	-1.91%
游標	8.397
SMA5	8.76 ↓
SMA240	13.31 ↓
成交量	82588張 ↓
MA5	99864張 ↑
MA10	91054張 ↑

圖 4-4

查價	⊠
時間	2012/08/07
商品名稱	友達
開	8.25
高	8.36
低	8.19
收	8.27
漲跌	0.06
漲跌幅	0.73%
游標	8.344
SMA5	8.63 ↓
SMA240	13.29 ↓
成交量	54069張 ↓
MA5	95971張 ↓
MA10	91917張 ↑

圖 4-5

查價	⊠
時間	2012/08/08
商品名稱	友達
開	8.51
高	8.84
低	8.39
收	8.78
漲跌	0.51
漲跌幅	6.17%
游標	8.626
SMA5	8.52 ↓
SMA240	13.27 ↓
成交量	127792張 ↑
MA5	98056張 ↑
MA10	93356張 ↑

三、突破攻擊線（2012年9月7日）：

8月8日是中線買進的日期，已如上述，現在要告訴讀者的是短線買點在何處？

就在2012年9月7日！

基本上這是我的「預見買點」。

有什麼特徵呢？如何在盤中預見？

首先，我們看「友達」的週線圖（見圖在第一週的量能已經有突破之勢；其次，9月7日爆出的大量太可怕了，一天高達195,030張，比MA5的十萬張左右都大，比MA10的八萬多張也更多。

而這樣「量滾量」的情況下，它的股價不但不跌，收盤時漲幅還高達5.57％，可謂「量增不跌」。這一天介入是最好的，不過，這還是「預見買點」而已，「技術買點」應該在隔一天的漲停板！

9月7日的次一個交易日是9月10日，這天開盤是10.25元，只短暫下來到10.2元，便沒有低價了。當天我在玩別的股票，無暇注意到它。

不料這天收漲停板。

當我在尾盤注意到它時，它開開關關太多次，我就沒介入，因為我手上還有其他相當好的股票。於是，收盤我就只眼見它鎖上漲停了。

圖 4-6

查價	
時間	2012/09/07
商品名稱	友達
開	9.67
高	10.15
低	9.67
收	10.05
漲跌	0.53
漲跌幅	5.57%
游標	9.976
SMA5	9.61 ↑
SMA240	12.95 ↓
成交量	195030張 ↑
MA5	101870張 ↑
MA10	81282張 ↑

圖 4-7

查價	
時間	2012/09/10
商品名稱	友達
開	10.25
高	10.75
低	10.20
收	10.75
漲跌	0.70
漲跌幅	6.97%
游標	10.419
SMA5	9.92 ↑
SMA240	12.94 ↓
成交量	207092張 ↑
MA5	137602張 ↑
MA10	96050張 ↑

圖 4-8

（圖片資料來源：XQ 全球贏家）

2012年09月第一週
是攻擊發動的時間

四、我趕搭末班車（2012年9月12日）：

前面說過，我對「友達」興趣原本不大，尤其發現它9月10日的漲停不是很乾脆，同時又爆更大量（207,092張），我懷疑「量能」是否能繼續保持更大呢？如果沒辦法保持更大，就有下跌的危機。所以，我認為至少要再先洗洗盤，才能再攻。

等了一天，眼看它不跌還企圖進攻，才在9月12日於我所謂的「最後買點」介入！我認為友達的行情未死，應該還有再上攻的機會，所以明知距離8月7日的最低點8.19元已經漲很多了，但我還想進入「最後買點」。

「最後買點」的意思是說，過了這天可能就沒肉了，風險會很大，最好別再追了。但我深信，在9月12日那天介入，技術面仍然沒錯！從大盤的條件來看，還是屬於作多的。

剛好我那一天別的股票都獲利了結了，就在尾盤把賣光其他股票後較大量的資金全部轉入「友達」，企圖跑個短線。

2012年9月7日，「友達」出現了攻擊訊號，當天它的「價」、「量」都出現了極為激烈的變化：股價已突破8月8日以來的盤整期，開始頻頻創新，以「量滾量」的方式前進了！

我在等待它「漲停板」出現的一天。

9月7日雖未漲停板，但最高是10.15元，收盤則是10.05元。

圖 4-9 　　　　　　　　　　　　　　　　　　　（圖片資料來源：XQ 全球贏家）

查價	✕
時間	2012/09/12
商品名稱	友達
開	10.85
高	11.40
低	10.60
收	11.30
漲跌	0.55
漲跌幅	5.12%
游標	11.062
SMA5	10.47 ↑
SMA240	12.93 ↓
成交量	208592張 ↑
MA5	156809張 ↑
MA10	118065張 ↑

　　9月 10 日是友達第一個漲停板！照理說，我該買了吧！但因為當時有滿手的好股票，還沒時間和興趣介入這檔股本太大的股票。於是，機會就逝去了。

　　9月 12 日（見圖 4-11），就在各界充斥面板廠即將「轉虧為盈」的樂觀氛圍裡。我終於忍不住把其他的股票賣光，集中火力在這一檔股票中，準備跑個極短線大撈一把！

　　9月 13 日（見圖 4-12）早上我起床得晚，猛然醒來是被營業員的電話吵醒的。營業員告訴我，友達賠了十億美元，是重大利空，以後都會「爬不起來……」。

　　被驚醒後，打開電腦看到「友達」殺聲震天。一波波強大的賣壓

襲來，眼看著就要殺到跌停板了。我想，萬一「友達」連續五、六個跌停板都賣不掉，那怎麼辦呢？咱們可是經歷過多次台股崩盤的資深投資人！

「先止血吧！」我立刻以市價（跌停板價）殺出，結果就真的賣到跌停板了！好慘，11.2 元買的，竟然賣到 10.55 元。還是我唯一孤注一擲獨壓一檔股票的一次！於是大賠了！

圖 4-10　　　　　　　　　　　　　　　　　　　　　（圖片資料來源：XQ 全球贏家）

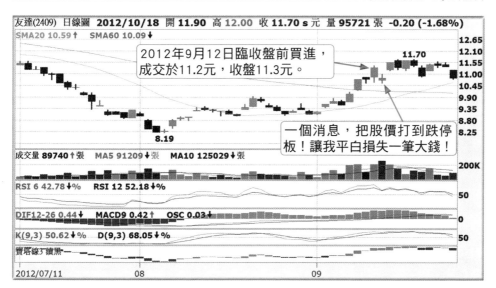

股票賣出後，我才去看「友達」的走勢，看了之後真令我愕然！跌停之後的友達竟然也有強大的買盤撐著，且將跌停板的賣單全吃光

了，還慢慢攻上了 10.8 元左右。在 10.7 元上下，它撐了很久，結果收盤是 10.8 元。

眼見如此的結果，我感到其中一定有問題——消息有問題，不然哪來的進場買進力量？

那幾天我在忙著趕寫本書，不太注意新聞。但是，「友達」在打到跌停板的第二天（也就是 9 月 14 日）竟然開高盤 11.2 元，漲幅是 3.7%。

想想看，我昨天賣 10.55 元，今天開盤卻高達 11.2 元，這是什麼感覺呢？

何況當天到最後，還收最高的價格——漲停板！ 11.55 元！

圖 4-11 _____ （圖片資料來源：XQ 全球贏家）

圖 4-12 （圖片資料來源：XQ 全球贏家）

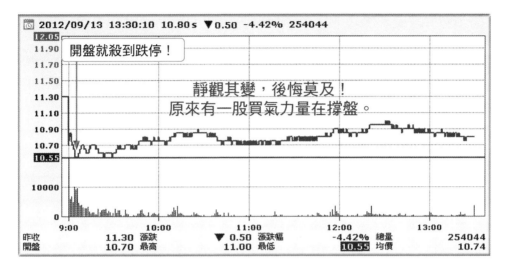

開盤就殺到跌停！

靜觀其變，後悔莫及！
原來有一股買氣力量在撐盤。

事後，筆者調出工商時報的新聞來看，確有這條「友達遭美求罰10億美元，已提列約 4.3 億美元的反托拉斯訴訟準備，若罰金超標，將不利友達財報」的消息。

內容摘錄重點如下：

【記者袁顥庭／台北報導】

友達在美國反托拉斯訴訟判決還未出爐，不過美國司法部的訴狀卻提前曝光，要求公司高達 10 億美元的罰金，且對友達副董陳炫彬、前業務副總熊暉判處 10 年徒刑。友

達已陸續提列了大約 130 億元（約 4.3 億美元）的訴訟準備，若是罰金超標，後續恐怕還得追加認列鉅額的罰金。

美國司法部指控台灣、日本、南韓多家面板廠高層曾多次密會，來聯手制定 LCD 面板價格，造成美國經濟數十億美元損失，包括奇美電、LGD、夏普等面板廠都選擇認罪，友達則是堅持不認罪，因此美國司法部於 2010 年 6 月正式起訴友達，友達副董事長陳炫彬與總經理陳來助、前業務副總熊暉親自赴美配合調查，卻遭到扣押護照限制出境。

今年 3 月聯邦法院做出罪名成立的裁決，陳來助與另外兩位主管獲無罪推論，但陪審團仍認定友達以及陳炫彬、熊暉有罪，友達則是表明將繼續上訴。

不過在正式判決出來之前，美國司法部訴狀卻搶先曝光，文件中要求法院對陳炫彬及熊暉各判處 10 年徒刑及 100 萬美元罰款，至於公司方面則是要求高達 10 億美元的罰款。在法院文件中也重申，友達與同業操控面板價格時間長達 5 年，直到美國聯邦調查局突襲其辦公室，而且聯邦大陪審團對其紀錄發出傳票，他們的違法行徑才終止。

（工商時報 A5/ 綜合要聞）

友達遭美求罰 10 億美元的消息在 9 月 13 日上午 8 時半就公布了，所以許多人感到驚恐，遂成了開盤時強烈的賣壓！

　　但是 9 月 14 日，友達為何又強勁反彈呢？請看圖 4-13，友達竟然漲停板了，收盤 11.55 元。我卻因為一個不明的消息而改變了我當時在技術分析方面對它的肯定。

圖 4-13　友達 2012 年 9 月 14 日的分時走勢圖　　（圖片資料來源：XQ 全球贏家）

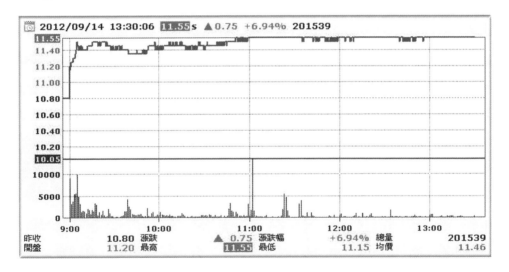

　　到底是什麼利多壯膽，讓 9 月 14 日的「面板雙虎」大發虎威呢？

　　報紙的標題是「面板報價持穩、開放陸資等議題助陣，奇美電第 4 季有望獲利，友達單季可望損平甚至轉虧為盈」，重點摘錄如下：

【記者陳姿延／台北報導】

面板雙虎今天股價表現強勁，奇美電早盤攻上漲停 11.15 元價位，創下近 2 個月新高，也站上周、月、季線支撐；友達昨日雖受到美國反托拉斯恐遭受高額罰金的利空影響，股價爆量下挫，昨外資賣超 3.6 萬張，但今天帶量反彈攻高，盤中衝上漲停，來到 11.55 元。

面板近期利多頻傳，除了面板報價持穩，部分尺寸出現漲幅、旺季拉貨效應帶動需求，以及開放陸資入股等議題外，市場傳出，奇美電(3481)今年 8 月份單月本業已經轉盈，單月自結達到損平，也有部分法人看好友達第三季營運有機會挑戰損平或小賺，利多激勵面板雙虎今天股價吹春風，奇美電早盤亮燈攻上漲停來到 11.15 元，站上季線支撐，創近 2 個月新高，友達也擺脫昨日低迷走勢衝上漲停。部分法人也樂觀看好，友達本季營運在營運、出貨成長的帶動下，毛利有機會轉正，單季可望損平甚至有機會交出轉虧為盈成績單，激勵友達今天股價擺脫昨日反托拉斯重罰重挫陰霾，早盤大漲逾 6 %，盤中大單敲進，股價亮燈衝上漲停，來到 11.55 元價位。

（2012-09-14/ 聯合晚報 /B1 版 / 證券產經）

▶Point *04* 不懂資金控管，別玩漲停板

漲停板或跌停板，是一種特殊的學問。如果不徹底對自己心理建設，最好別輕易玩它。它是一顆快樂丸，但副作用也不小。

此次我在「友達」一役的損失，帶給筆者很大的教訓。股市操盤，除了技術方面要分析正確之外，有時「決策」也很需要研究的。這是攸關操作的邏輯。軍事中有所謂「戰術」，也有所謂「戰略」。股市操盤也是一樣，不是光會技術分析，就穩贏的，還有資金控管以及「戰術」「戰略」方面的應用。

以前面的例子來說，我能怪營業員嗎？事實上，她從沒在重大利多、我買的股票漲停板時來電請我「停利」，都是情況很危急了、很慘了或買超太多了，才會打電話來給我、暗示我趕快停損或賣出。所以，她打電話來通常沒有好事！

奇怪的是，過去她向我告知某一檔我的股票有危險消息時，最後股價都是與她所說的「基本面」（主要是營收財報等）背道而馳。幸好我都很少聽她的意見，可是這一次不知為什麼，在睡眼惺忪中竟然尊重她二十幾年的專業資歷而深信不疑，做了錯誤的決策！

我有時玩得超短的，而且換股換得很快，就是因為當你選股很神準或常常抓到漲停板時，就有些營業員的朋友偷偷打聽我買什麼股

票。幸好現在我是採取網路下單，也換股超快的，所以很難被捉摸我在變什麼把戲。

不過，一個人操盤也有缺點，就是無法集思廣益，克服人性中的貪婪、害怕，比較難嚴守紀律。「友達」一役的失策固然並非失敗在技術上，卻是失敗在太重視消息面，而又犯了兩項很難克服的貪婪、害怕，把所有股票全賣了來買「友達」，便是貪婪；聽到如此的壞消息就緊張到全數賣光，便是害怕。在戰場上，新兵怕炮聲，老兵怕槍聲，因為資深老手是經歷過多次崩盤的，再也不敢讓資金陷在一連串的跌停板中。

那麼，該如何解決這樣的問題呢？那就是要做好「資金控管」。根據筆者面壁思過，得到如下的結論：

一、要相信你所看到的，不要相信你所聽到的。

消息面常常因為公司派、主力、媒體界的哄傳，造成投資人的誤判，這種迷障絕非容易克服的事。我們常常先看到一則消息，說某股票 EPS 可能會達到多少……等等，結果隔一天公司的發言人才回覆說：「法人臆測。」可是，股價是極其敏感的，該漲的時候，它就先漲了；該跌的時候，它就先跌了。消息的更正或澄清，對投資人來說，都是慢半拍的事。

根據筆者的經驗，相信自己的「技術分析」往往是最準的，因為「真相」都會坦白地呈現在行情板上，而不是報紙或市道消息上；消息面或聽到的所謂「說法」（例如營業員的認為），往往是「好心做壞事」。那麼何不強化自己的信心呢？

二、趨勢是很難改變的，不必急於一時改變它。

　　有一句投資名言強調：「趨勢是不會輕易改變的，股價只能在其大範圍內遊走，不會超脫。」一點也沒錯。從技術面來說，各方面的力量形成才會造成技術面的變化，包括量能及一切，通常是個大趨勢，不會輕易改變。

　　當重大的利空出現時，總會有一次「逃命線」。至少也要等到權威的一方（內部人、主力等等）「拉高」之後再「出貨」。所以，「友達」的失策在於我當天睡得太晚了，以致未能及早做好功課。早晨竟在睡眼惺忪中，倉卒做下錯誤的決策。不是有句話說：「錯誤的決策比貪污更可怕」！我們可以把這句話改為「錯誤的決策比貪婪更可怕」。我當天在慌亂中實在不應急於賣股，應待 9 月 14 日漲停板之後或隔天再賣，那不但不會大賠，還有小賺啊！

三、資金控管的重要，不亞於技術分析。

在股市中，資金龐大的團隊（包括官方的態度、法人的做法、主力的作為），對行情的「會上、會下」佔了絕對的影響力優勢。但是，小小散戶也有不可多得的優勢，就是在操作的「要進、要出」的行動力，佔了輕快的便宜。

但是散戶本錢小，常常很難用錢來彌補操作中的失策。同樣買一檔股票，富人買 42 元，散戶也買 42 元，結果都買貴了。當股價第一波跌到 38 元時，散戶很緊張，因為他可能需要用錢，只有被迫賣股票；或者忍受壓力，連正職工作都無法專心。而第二波跌到 32 元時，沒賣掉股票的散戶繼續忍受被套牢的煎熬，非常不安；而富人卻在這時輕鬆加碼攤平，他的總成本不就變成（42 ＋ 32）÷ 2 ＝ 37 元了嗎？當股價回升到 40 元，富人就可以先逃命，而散戶還被套牢中。這樣簡單的道理，說明有龐大資金的人永遠是比較有勝算的。

股市贏家都是屬於有閒錢、有大資金的人，那散戶怎麼辦呢？

筆者的建議是：「重視持股比例」！

一定不能買滿你的錢。

如此一來，遇到像「友達」那樣的不幸事件，就不會欲哭無淚了。筆者願意誠懇地用我這一次失敗的經驗，來警惕你以後永遠的成功：如果你看懂筆者的意思之後，就把如此簡單的操作紀律放在桌邊，隨時備忘：

【資金控管最重要的紀律】

❶抱股不可不留現金。

大部分贏家都只用三分之一的閒錢進出股市，即使你是個只有十萬元的小小散戶，也必須嚴守紀律才行；散戶任何時候也只能投入一半的銀子，手上要留有現金！千萬別隨便動用「活命資金」。

❷不可獨壓一檔股票。

理論上，看準了、獨壓一檔股票賺得快；但實務上，並沒有股神，即使內線消息，偶而也會誤傳。資金分散在幾檔股票中，萬一其中一檔出了問題，你仍可以保持實力，不致唉聲嘆氣。

❸交易時要分批進出。

在股市何時買賣股票，遠比買賣什麼股票來得重要。不論買進或賣出，在關鍵時刻（轉捩點）內宜分批進行，最好能採取「金字塔」的操作策略進行交易：即往上買的數量要越來越少，往下買的數量要越來越多。法人操作模式，永遠值得學習。

❹不同時段換股操作。

永遠記得：「漲幅滿足是利空，跌幅滿足是利多。」在大盤相對高檔的時候，大多數股價都是偏高的；相反的，在低檔時股價也偏低。所以不可同時買進或賣出。當你在大盤高點賣光所有股票以後，不能立刻換股操作，要等大盤下殺之後再買。

▶Point *05* 神基漲停板，賣低買高不算錯誤！

　　股票會漲停板或會跌停板，並非完全憑運氣的。

　　我們可以發現凡是連續跌停板一天、兩天或三天的股票，只要主力願意介入，都是比較容易強勁反彈的個股。能理解這點，就懂得了博弈理論中的求勝之道。往往特殊的情況，必須用特殊的眼光來看待。股市所有金銀財寶，統統隱藏在「轉折」裡；發財的機會，自然也藏在如此的「細節」裡！

　　很多人知道「不要和股票談戀愛」。談戀愛，是要講究人性的，需要感性、浪漫；而股票玩得好，就要像花花公子一樣不斷去追求強勢股，已經乏味的股票就要像甘蔗渣一樣盡快地丟棄。我認為，操作股票不完全是技術，而是一種藝術。這種藝術需要透過學習、發揮創意，以追求利潤，因為股票交易本來就是一種「違反人性」的藝術。

　　對於漲停板的策略，我個人有兩個值得一提的想法：

　　⑴要懂得隨機應變。

　　⑵要有想像力。

　　首先，如何隨機應變呢？

　　抱牢強勢股，賣出弱勢股－－因為買高可以賣更高；要敢於追漲殺跌。以舉「神基」（3005）為例。

2012 年 5 月 17 日大盤開高（見圖 4-14），整體氣氛不錯，我覺得可以作多。但是，手上的持股經研究後發現有短線必須賣出的疑慮。因為它前一天的收盤價是 21.6 元，SMA20（22.38）已經低於SMA60（22.98），而且成交量 17,833 張也低於 MA10 的 20,975 張。所以我決定一開高就要先賣，至於要不要低檔再接回或換股操作，到時再看吧！

圖 4-14　　　　　　　　　　　　　　　　　　（圖片資料來源：XQ 全球贏家）

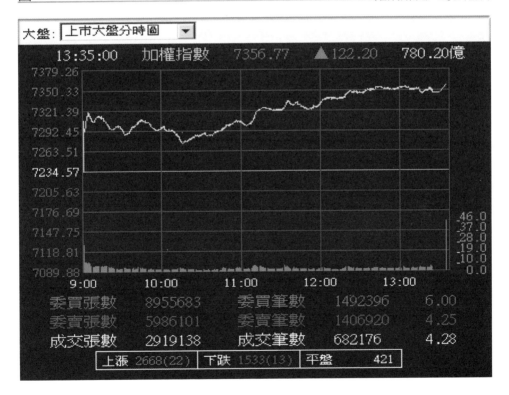

如果你夠細心，應該看懂圖 4-15 和圖 4-16 的意義。

　　圖 4-15 是 2012 年 5 月 17 日的分時走勢圖。它在不到上午 11 時就把漲停搞定了，到收盤前都沒再打開過，非常強勢。

圖 4-15　　　　　　　　　　　　　　　　　　　　　　（圖片資料來源：作者提供）

圖 4-16　　　　　　　　　　　　　　　　　　　　　　（圖片資料來源：作者提供）

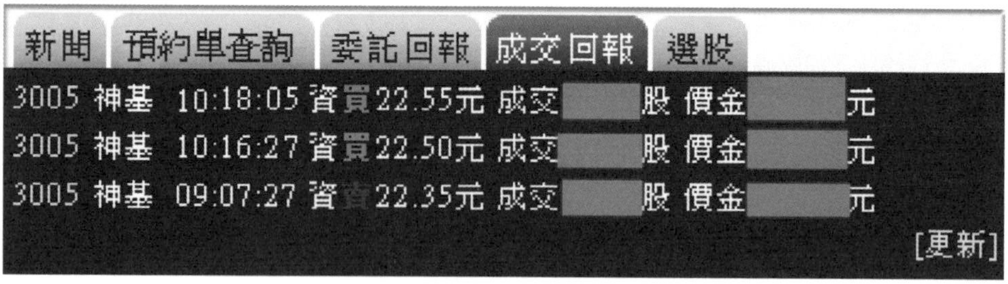

我當天對於「神基」（3005）的交易有三筆。在本章中，我要再講一件自己的糗事來告訴讀者「隨機應變」的重要。

在上午9時7分27秒把神基賣在22.35元就是一個小小的失策，——它根本是「量增不跌」！

我等了七、八分鐘之後，決定再買回來，因為它的強度足以拉到漲停板（我注意的是外盤成交的比例、買盤的量能，以及下殺的力道），我賣在這樣的低點，豈不虧了？

雖然對於昨日來說，它已經算是獲利了結了，但這是不夠的。不是嗎？所以，我立刻出手買回，結果於上午10時16分27秒成交於22.5元；由於買的太少，又繼續加碼，上午10時18分5秒成交於22.55元。

我的22.5元和22.55元這兩筆買盤，相較於我當天不久前賣掉的22.35元，是不是「買高賣低」了？

沒錯！這就是「隨機應變」！看情況不對就要立刻改變，千萬不要「鐵齒」！結果呢？賣低、買高、卻收更高！

若你把22.35元當成已經獲利了結的一批買賣，不就不遺憾了嗎？然後把22.5元和22.55元這兩筆買盤當成另一批新買賣，對於23.1元的收盤來說，不也是低點嗎？如此，這筆新的交易，就又合乎股市操作成功的鐵則：買低賣高！

▶ *Point* **06**　**堅持短線操作，目的在求百戰百勝**

先看圖 4-17。

圖 4-17　　　　　　　　　　　　　　　　　　　　　　（圖片資料來源：XQ 全球贏家）

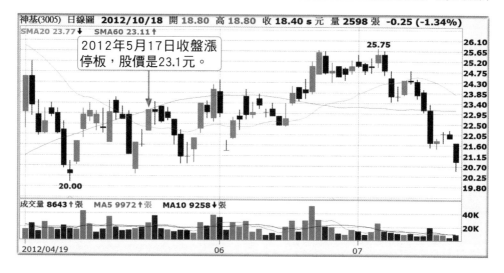

事後我們來回顧「神基」的發展，從 2012 年 5 月 17 日到同年 7 月 5 日最高的 25.75 元。還有一大段上升的路，可以獲利更多。似乎不必急於賣出。但我卻是在隔一天行情開高往上衝的時段裡，就把「神基」獲利了結了。

理由同前面說的一樣，我從技術分析發現，這檔股票「短線有休息的疑慮」。我更進一步發現漲停板這一天（2012 年 5 月 17 日）

的 SMA20（22.39）還是低於 SMA60（23.09），雖然成交量 25,587 張已經比 MA10 的 19,216 張暴增很多，但 5 月 18 日量更大（收盤後統計是 36,252 張，相信要繼續擴增就不容易了，所以預估會跌）！

讀者請看圖 4-17 的相關日期發展，就可以證明我隔天賣出股票是對的，連跌了五個交易日，即是我說的「不賣將會短套」。

在此，順便提一下，很多不懂股票的上班族如果看到這樣的日線圖一定會很外行地說：「何必跑得這麼短！交易稅、手續費不是都讓交易所和營業員賺走了嗎？一直擺到 7 月 5 日不是可以賺更多嗎？」

說這種風涼話的人都是「長套」的投資人。

你怎麼知道到 7 月 5 日會收最高？

有沒有可能是收最低呢？

筆者一向不喜歡作長期的預卜，而主張「且戰且走」、「隨機應變」的短線或波段操作，這才是最穩健的策略。

根據我的追蹤，那些股市名人對行情的預測，經長期的印證，多半是錯誤的居多。因為世上沒有真正的股神！

只有富人才有資格住套房，小散戶資金有限，一定要百戰百勝！

更何況，我認為現階段台股沒有長線投資的大環境。

▶*Point* ***07*** **小型股昨天漲停，今天可以接跌停**

　　接下來，我們再來談談如何「發揮想像力」操盤。

　　掌握行情「研判能力」最重要，而「想像力」則是「研判能力」其中的一環。

　　所謂的想像力，並非天馬行空的亂想，而是要有「個案」作基礎。我高中時曾得過象棋比賽的冠軍，但如今我已經鬥不過象棋的套裝軟體了。

　　為什麼呢？

　　因為這些電子軟體，都由軟體程式設計師灌進不少比賽的「個案」作資料庫存，這種資訊越多，軟體和我對弈的能力越強。相較之下，我再有想像力，也比不過象棋軟體了，因為我已多年未作棋譜研究，所存腦中的棋局案例資料有限，因此，與象棋的電子軟體對弈時，就感到想像力就沒有它好了。

　　股市也是一樣，關於「漲停板」的資料「個案」儲存的越多，越容易逮到漲停板！因為想像力變豐富了。這些「個案」記憶資訊看多了、碰多了，在股市操作中，會讓你得心應手。

　　舉例來說，「昨天漲停板的小型股，你今天可以用跌停板去接！」這是在筆者的個人經驗中有的，也儲存在腦中了。於是，就有了這樣

的想像力。

　　例如松普（5488），這是一檔上櫃公司的電子股，它的營收比重百分之百是在3C產品用線上面，所以也是台股「連接線材」的指標股之一，可以歸類於大陸的收成股。

　　它的股本只有9.16億元，是標準的「小型股」。可以信用交易（融資成數：五成。融券成數：九成）

圖4-18　2012年5月24日松普（5488）分時走勢圖 （圖片資料來源：XQ全球贏家）

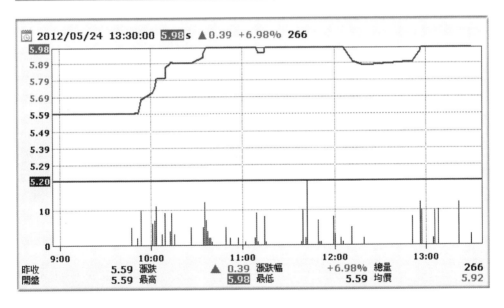

　　請看圖4-18，在2012年5月24日「松普」的分時走勢圖中，開平盤（5.59元），盤中拉高到漲停，然後經過兩次打開漲停，最

後還是收漲停板。

這樣的股票好不好？假設有興趣，你明天會用多少的價位去承接？如果你沒有研究，肯定給不出答案！

好吧，那就請您先猜猜看它第二天的走勢如何？

漲停板？不對。

跌停板？也不對。

大漲？大跌？都不對。

請看看答案吧！

圖 4-19 是松普（5488）在 2012 年 5 月 25 日的分時走勢圖：

圖 4-19　2012 年 5 月 25 日松普（5488）分時走勢圖　（圖片資料來源：XQ 全球贏家）

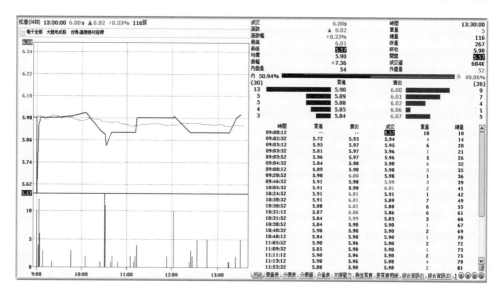

▶Point *08* 計算籌碼，怎樣才叫做夠專業？

答案是：「松普」第二天（2012 年 5 月 25 日）收盤還是上漲的，漲幅是 0.33％，以 6 元作收。但是，奇妙的是，承接股票的人居然能用跌停板的價位，來買到昨天漲停板的股票。這就是我在本書第一章所說的，小型股的漲跌停板常常在你的想像之外，也就是說，容易出意外。根據我的經驗值，股本在 20～50 億元左右的股票比較可靠。因為真正玩它的主力比較有實力，在行情冷清的時候不會「一張、兩張」地耍你、調你胃口。因為股本中型的股票成交較為活絡，法人或主力都比較好進出。

曾經有些股市新手問我：「方老師，為什麼╳╳（股票）在╳╳價位一直是『一張、兩張』地買？他為什麼不一口氣把它拉到漲停板呢？掛賣的張數不多啊？」

這問題太可愛！主力固然有財力，也怕出不掉股票啊！股本小，並不意味它一定是飆股。必須常常玩它的人，才知道它的「股性」。

而「股性」，卻是從來不看盤的專家學者最欠缺的知識！

小型股在空頭時期是非常危險的。「松普」股本還不到十億，自然也具備了這種危險性。

看到沒有？2012 年 5 月 25 日「松普」第一筆成交，空方只用

十張市價單（5.57 元賣出）就把股價打到跌停板了。

　　這是誰賣的呢？是一位過度緊張的股市輸家。他既非多方主力前十名，也不在空方主力的前十名。這位「大戶」在 5 月 25 日一共賣出 14 張「松普」股票，其中 10 張賣跌停板 5.57 元，另外 4 張賣 6 元。他目前手上持股只有負 26 張，所以仍排在空方陣營的十名之外！

　　其實，我們可以體會，這位「大戶」非常看壞行情，想要出在第一筆的「高價」，所以用市價敲出，不料卻賣到跌停板！依當天的收盤價 6 元來看，他無疑是做了非常懊悔的決策！因為他不但賣到最低點，還距離收盤價有 7% 以上的價差。

　　我們先來看看「松普」這檔股票多空雙方陣營的手上籌碼：

　　下一張圖則來看看「松普」在 2012 年 5 月 24 日的漲停板位置：

表 4-2 松普 2011 年 12 月 20 日～2012 年 5 月 23 日籌碼統計 （全球 XQ 贏家．製表：方天龍）

多方主力	買進	賣出	買賣總額	庫存持股	空方主力	買進	賣出	買賣總額	庫存持股
多方老大	4,363	2,947	7,310	1,416	空方老大	4	634	638	-630
多方老二	935	517	1,452	418	空方老二	148	633	781	-485
多方老三	388	6	394	382	空方老三	0	276	276	-276
多方老四	349	95	444	254	空方老四	86	298	384	-212
多方老五	246	2	248	243	空方老五	0	191	191	-191
多方老六	175	5	180	170	空方老六	52	214	266	-162
多方老七	211	78	289	133	空方老七	3	107	110	-104
多方老八	95	0	95	95	空方老八	66	157	223	-91
多方老九	90	2	92	88	空方老九	146	234	380	-88
多方老十	92	7	99	85	空方老十	53	140	193	-86

圖 4-20 　　　　　　　　　　　　　　　　　　　　　　（圖片資料來源：XQ 全球贏家）

【籌碼解析】

　　股票專業軟體對籌碼有詳細的資料，但投資人會不會解讀，又是另外一門學問。因為富人、法人機構及大股東們都很容易取得這樣的資訊。但是，一來現在的主力操盤技巧已經進步了，變化多端、複雜難懂，他們不一定知道如何解讀；二來他們未必肯花時間細心研究；三來知道過去主力的動態，未必知道未來主力的做法。所以需要一些「經驗值」作補充，才能了解股性，以及擁有最正確的「研判能力」。

　　現在我們就來探討一下「松普」在 2012 年 5 月 24 日這個漲停板的意義：

一、誰是造成 5 月 24 日漲停板的功臣呢？

是多方老五。老五是個新主力，在 5 月 24 日、5 月 25 日連續買了兩天股票，一張都沒出。目前手上持有 246 張，平均成本價是 5.91 元。

二、多方的老大們，在這兩天的態度如何？

多方老大被套住了，他的成本價是 6.89 元。所以他這兩天都噤若寒蟬、沒有動作。

多方老二也被套住了，他的成本價是 6.8 元。所以他這兩天也是噤若寒蟬、沒有動作。

多方老三也被套住了，他的成本價是 6.79 元。所以他這兩天也是噤若寒蟬、沒有動作。

多方老四也被套住了，他的成本價是 7.2 元。所以他這兩天也是噤若寒蟬、沒有動作。

多方老六也被套住了，他的成本價是 6.37 元。所以他這兩天也是噤若寒蟬、沒有動作。

多方老七也被套住了，他的成本價是 6.99 元。所以他這兩天也是噤若寒蟬、沒有動作。

多方老八也被套住了，他的成本價是 7.53 元。所以他這兩天也

是噤若寒蟬、沒有動作。

多方老九也被套住了，他的成本價是 7.22 元。所以他這兩天也是噤若寒蟬、沒有動作。

多方老十也被套住了，他的成本價是 6.89 元。5 月 25 日他認賠了 2 張股票。

其中沒寫到的多方老五呢？他就是前面說的新主力，成本最低，只有 5.91 元。他給多方陣營帶來了新希望！

三、空方的主力們在這兩天的態度如何？

空方老大是個死空頭，作空的態度非常堅決，如果從一年前（2011 年 5 月 26 日）算起，至今仍有賣超 942 張（總賣量 960 張，只買過 18 張）。他的成本價是 7.25 元。所以，多方如果想軋他，必須強勢拉過 7.25 元才行。

空方老二是多方比較好對付的敵手。他從 2012 年 4 月 23 日開始，就非常積極作空。不過，如果從那天算到 5 月 25 日，總持股也有負 501 張了，他的空單成本是 6.08 元，距離 5 月 25 日收盤價 6 元，已經很接近了。

空方老三從未買過「松普」，只是一路賣「松普」，空單成本價是 6.86 元。

空方老四對於「松普」，買少賣多，空單成本價是 6.84 元。

空方老五也未買過「松普」只是一路賣，空單成本價是 6.02 元。

空方老六在 3 月 29 日以前，就一直是買少賣多。空單成本價是 7.06 元。他從 3 月 29 日以後就完全沒有動作了。他是個空方陣營中的真正高手。

空方老七對於「松普」，是買少賣多，空單成本價是 6.74 元。

空方老八也是空方陣營中殺手級的高手。2 月 15 日是松普的近期最高價，第二天，老八以占成交量 28.02% 的 113 張，把松普的行情整個拉下來，他當天的空單成本價是 7.59 元。即以今年初起算，他的空單成本價也在 7.43 元，所以他可說是空方的最大贏家！

空方老九算是空方陣營的「游擊手」，因為他三次出擊都非「正規」動作。4 月 17、19 日他都玩「對敲」，就是說買多少張就賣多少張，而且是同一價位。這樣的動作，分明是為他人「作嫁衣裳」。4 月 18 日則是先買進 82 張 66.3 元「誘多」，並在同一價位「出貨」103 張；同時在股價拉高後持續賣出，當天總共賣超了 88 張。

空方老十也是作空高手。他在高點陸續放空之後，最近也沒什麼動作，所以他的作空單價位也很高──7.34 元。

四、多空雙方的拉鋸戰可能產生變化嗎？

目前多方主力多半採取觀望態度，想要以逸待勞，尋求解套。新主力、新資金的挹注，則是多方唯一的希望。至於空方，目前處於獲利狀態，仍不必做太大抗拒。除非多方老主力聯合新主力強勢軋空，才會讓空方認輸回補。但股市環境不好，這種機會不大，只看新主力能否「初生之犢不畏虎」殺出一條血路來了。

五、最後，我們來看看 5 月 25 日是誰接到了跌停板價格的股票？

一位名不見經傳的小散戶，接到 2 張 5.57 元、2 張 5.83 元。

空方第 19 名老大，接到 3 張 5.57 元。這位老大在 5 月 28 日以 5.98 元的當天最高價賣掉他手上的 3 張了。他算是一位小贏家！

一位新人，接到 2 張 5.57 元、1 張 6.01 元；另一位新人接到 1 張 5.57 元。所以以上這四位老大都買到跌停板的股票，真有想像力啊！竟懂得漲停板之後的隔一天用跌停板價格承接股票。

六、綜合說明：

從 2012 年 10 月 4 日回頭看，它比大盤的落底時間（2012 年 6 月 4 日）提早幾天，其後走勢也優於大盤。小型股雖成交量太小，不宜於進出，卻很可以作為大行情漲跌的先行指標來觀察。

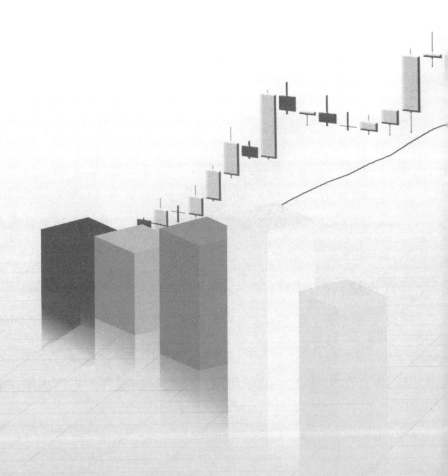

Chapter 5

什麼樣的漲停
有毒？

▶Point 01　漲停板是快樂丸？吃前要看清楚！

一個小女孩，是個漂亮的混血兒。她非常羨慕媽媽的藍眼睛，卻埋怨自己有一雙黑眼珠。

媽媽卻告訴她：「上帝的創造都是最好的，祂所以那樣安排，一定有祂美好的旨意。總有一天，妳將會發現黑眼珠對你一定有很大的幫助。」

後來，小女孩長大了，成為一位宣教士。她自願去印度宣教。但當年印度是一個禁止傳播基督教信仰的國家，所以很多宣教士都被驅逐出境了。然而，當地有個習俗，就是女子的衣著必須蒙著頭，所以當她蒙頭只露出一對黑色的眼珠時，恰好沒有人可以認得出她是一個白人，於是她在印度傳福音，反而比別的宣教士更方便、更自由，因為不會被特別注意。

這時，她終於明白母親所說的話──上帝的創造都是最好的。

　　以上是個類似「塞翁失馬、焉知非福」的故事。塞翁失馬的故事大家都知道，股市的漲停板是股友們最喜歡的，那為什麼不乾脆天天

買漲停板的股票就行了？沒錯，早年是有這種說法，你看哪一檔股票昨天漲停板了，那你今天就買哪一檔股票，說不定收盤就漲停板了呢！這在大多頭的時期的確是如此，因為牛頓的慣性定律對股市是有這種暗示。用射飛鏢的方式中獎的機會也很大！

　　但是，時代不同了，股市的操盤技巧已經進步了。你聰明，主力比你更聰明；你投機，主力比你更投機。所有的招數都會隨時間而演變，並不能老是用舊的教科書那幾招在現代操盤。台股走過了幾十個年頭後，很自然地出現了一些操作「法則」，時間越久、流傳越廣，但知道的人越多、相信的人越多，就越不靈了。所以，操盤的技術、思維也都要求新求變，才能擁有筆者最強調的「先見之明」。依我看來，股市的邏輯有點近於易經的哲學，「否極泰來」、「樂極生悲」、「利空出盡是利多，利多出盡是利空」，這些道理都告訴我們：有些時候也不見得一定要買漲停板的股票——因為漲停板可能「有毒」！不吃下「漲停板」這顆快樂丸，說不定可以讓你避開一大段股價暴跌的損失！

　　但就像「河豚」味美一樣，既然好吃何必怕「有毒」呢？只要深諳烹調之道、學會如何清理它的毒素，就能大飽口福！

　　至於在什麼情況下，哪些漲停板「有毒」呢？

　　仍然必須從它的 K 線所在位置來加以論斷。

也就是說，要知道這支漲停板的底細！

「吊人」（hanging man）型態的漲停板，是一個應該立刻賣出的大警訊。它是一種劇毒，如果你仍沈浸在歡天喜地的樂觀氛圍中，不久就會感到身體不適，甚至命喪黃泉！

在說明「吊人型態」的漲停板有多恐怖之前，我們先來解釋一下，什麼叫做「吊人」？

所謂「吊人」，照筆者的解釋，就是它用連續的漲停板，來「吊人」的「胃口」，如果你到最後一個漲停板才介入的話，恐怕就會成為「上吊的人」了！請看圖5-1，這就是它的型態：

圖 5-1　吊入型態 （圖片資料來源：作者提供）

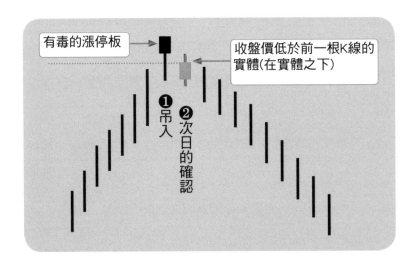

「吊人」線型，是 K 線反轉型態的一種。一般來說，「吊人」（見圖 5-1 中的❶）的實體，可以是紅的，也可以是黑的，也就是說，可以是陽線，也可以是陰線。通常它沒有上影線，下影線也比較長。它的實體很小，同時多半是位於一段上升行情的高點。

「吊人」的「長相」和「鎚子」是一樣的，不同的是：鎚子是低檔買進的訊號；而吊人卻是高檔賣出的訊號。

所以，吊人型態的線型，必須根據它在趨勢中的位置，如果它出現在上升趨勢的高點，那它就是空頭的「吊人」；如果出現在上升趨勢的起點，那就是多頭的「鎚子」。

表面上看來，在「吊人」的線型中，偏長的下影線代表買進，因為它在低檔又拉了上來，所以似乎是多頭的訊號。但我們知道，一旦它的價格開始下跌，多頭就有點撐不住的感覺。所以，它究竟是不是空頭，必須觀察第二天的收盤價才能確認（見圖 5-1 中的❷）。確認的方法是：第二天的收盤價必須低於前一天 K 線的實體；也就是說，收盤價必須在實體之下。如果低於吊人的實體，那就是空頭的走勢即將開始了。從獲利面來看，當第二天的價格跌到吊人實體的下方，代表吊人線型的當天早上開盤與收盤附近買進的人都是賠錢的。說不定，他們也會認賠出場，於是此後便出現了持續盤跌的情況！如果不緊急出掉股票，可能會造成很大的損失。

▶Point 02　漲停板退潮後，你該看是誰在裸泳

　　股市新手對於行情常常過度解讀，在好的時候看得更樂觀；在不好的時候看得更悲觀。例如某一檔個股當天才從 2% 的漲幅增加到 3%，就以為會拉到 4%、5%，到漲 6% 時就以為必定漲停板。於是追呀追呀，果然追到了漲停板。不料，這檔股票才鎖上不到幾分鐘，漲停板突然打開，暴量下跌，隔天起繼續下跌，就被套住了！

　　資深老手就比較冷靜。當個股從 2% 的漲幅增加到 3% 時，他開始注意；在漲到 4%、5% 之前，他應該已經先看過它的 K 線歷史位置，揣摩這檔股票的「續航力」如何，以及該不該追？即使追，也會等它回檔休息一下才出手。否則以市價（漲停板價）時去搶，極易短套。主力即使瘋狂買進，也要稍微休息，所以，高手會在回檔量縮時才買進！正如一句名言：「當浪潮退了之後，你才看到是誰在裸泳。」

　　是的，漲停板是否「有毒」，在第二天激情過後，就比較容易得到「確認」。但是，高明的股市操盤人在當天就應該可以確定。尤其到了尾盤，就可以根據自己的決策加以修正。例如發現「情況不對」，小賠也要殺出去以求避險！當天買，當天賣，是需要有信用交易資格，才能使用融資、融券當沖軋掉的。這才談得上避險！

　　以下的實例，說明在某種情況下的漲停是毒藥，千萬不要追買！

圖 5-2　「太極」（4934）日線圖

（圖片資料來源：XQ 全球贏家）

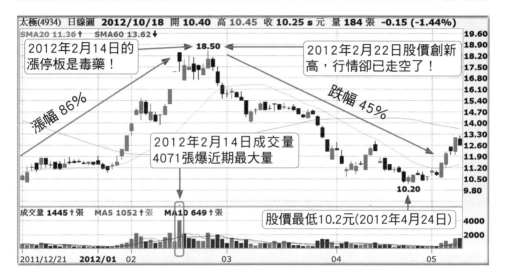

太極(4934) 日線圖 2012/10/18 開 10.40 高 10.45 收 10.25 s 元 量 184 張 -0.15 (-1.44%)

SMA20 11.36↑　SMA60 13.62↓

2012年2月14日的漲停板是毒藥！

2012年2月22日股價創新高，行情卻已走空了！

漲幅 86%

跌幅 45%

2012年2月14日成交量4071張爆近期最大量

成交量 1445↑張　MA5 1052↑張　MA10 649↑張

股價最低10.2元(2012年4月24日)

10.20

　　圖 5-2 是「太極」（4934）的日線圖，在 2012 年 2 月 14 日當天出現的漲停板，就是毒藥。我們從其後的走勢，便可以證明他的破壞性是夠強的。從當天起算的第六天，雖然股價一度再創新高（2012年 2 月 22 日最高 18.5 元，高於 2012 年 2 月 14 日最高的 18.4 元），但「過了這一村，就沒那個店」了，此後股價就一直盤跌而下，直到2012 年 4 月 24 日的最低點 10.2 元，才算獲得初步支撐。

　　然而，從 18.5 元滑到 10.2 元，跌幅也已經達到 45％了！這樣的漲停板，算不算毒藥呢？漲停板的隔一天該不該追買股票呢？答案是很明顯的！

▶ *Point* **03　三重頂的殺伐威力，影響深遠**

　　「太極」（4934）是一檔上櫃股票電子類股，屬於太陽能概念股，
也是太陽能指標之一。可以信用交易，融資六成，融券九成。

圖 5-3　　　　　　　　　　　　　　　　　　　　　　　（圖片資料來源：XQ 全球贏家）

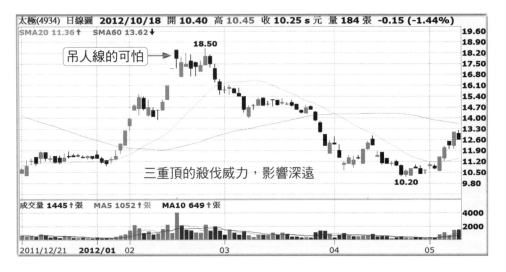

　　2012 年 2 月 14 日「太極」漲停為什麼不能買？先分析其背景：

一、低檔上來，漲幅已經 86%，位置已高。

　　請看圖 5-2。2011 年 12 月 20 日，我說過，是所有股票的起漲
點。從那一天的最低價 9.9 元算起，到 2012 年 2 月 14 日的最高價

18.4 元為止，「太極」這檔股票已經有將近86％的漲幅了（18.4 元
÷9.9 元＝ 1.858 倍），也就是說，低檔上來之後，「太極」的位置
已高，是該滿足了。持股者應該小心注意風險才是。

二、線型形成「三重頂」，跌勢難擋。

　　請看圖 5-3。我們將「太極」日線圖的 SMA5 畫出來，便可以看
到此一線型已形成技術分析標準的「三重頂」了。什麼叫做「三重頂」
呢？筆者在《技術面── 101 種股價診斷的計算與應用實務》第 118
頁解釋過，不懂的人可以在此溫習－－

　　股價上升一段時間後投資者開始獲利回吐，市場在他們的賣出下
從第一個峰頂下跌 ，當股價落到某一區域，就吸引了看好後市的投
資人加入。此外，以前在該檔股票高價時賣出的投資人也可能逢低回
補，於是行情再度回升，但在市場買氣不是很盛的情況下，股價回復
到與前一高價附近時就碰到賣壓而再度走軟，但在前一次回檔的低點
被錯過買進機會的投資人和短線客的買盤拉起，由於高點二次都受阻
而回，令投資者在股價接近前兩次高點時紛紛減少持股，股價就慢慢
下滑到兩次低點，一些短線買盤開始不得不認賠了，而這時如果愈來
愈多的投資人都失望賣出的話，就會跌破上兩次下跌的低點（即頸
線），於是整個三重頂型態便告形成。

我說過，因應三重頂的圖形，有幾點需要注意：

(1)三重頂的頂峰與頂峰，或底谷與底谷的間隔距離與時間不必相等，
　　同時三重頂之底部與三重底之頂部不一定要在相同的價格形成。

(2)三個頂點價格不必相等，大約相差３％以內就可以了。

(3)三重頂的第三個頂，成交量非常小時即是下跌徵兆，而三重底在第
　　三個底部上升時，成交量大增，即顯出股價具有突破頸線的趨勢。

(4)從理論上講，三重頂的跌幅都不小，尤其頂部愈寬，力量就愈強。

三、以三天的表現，來衡量「假突破」。

　　「太極」的三重頂，造成股價的跌幅有多大呢？從 2012 年 2
月 22 日的最高點 18.5 元，往下盤跌到 2012 年 4 月 24 日的最低點
10.2 元，才算獲得初步支撐。

　　請再看圖 5-2。細心的讀者會發出疑問：2012 年 2 月 22 日的高
點 18.5 元，已越過了 2012 年 2 月 14 日的最高點 18.4 元，為什麼
行情還跌？是的，「太極」的三重頂的威力就是這麼厲害！技術分析
有所謂「假突破」。2012 年 2 月 22 日的高點 18.5 元就是一種「假
突破」。怎麼預先知道是「假突破」呢？很簡單，就是用三天之內的
表態來求證。「聽其言，觀其行」，三天沒有積極的向上攻堅，反而
下滑，就可以知道是玩「假」的。

▶ *Point* **04** 　出量拉漲停卻突然墜下，股價將回檔

四、盤中走勢強度，預判它的未來命運。

玩短線一定要看盤，因為看盤可以鍛鍊敏銳的感覺能力，尤其在細節上可以看出主力進出行動的涵義。股市的背後真的有一隻魔手，如果沒有練就慧眼，就無法從盤中走勢的強度，預判它的未來命運。

以「太極」為例，既然要預判它未來的命運，就得看看它的最近三天——2012 年 2 月 10 日（星期五）、2 月 13 日（星期一）、2 月 14 日（星期二）連續三個交易日的「分時走勢圖」。

圖 5-4　2012 年 2 月 10 日太極的「分時走勢圖」　　　（圖片資料來源：XQ 全球贏家）

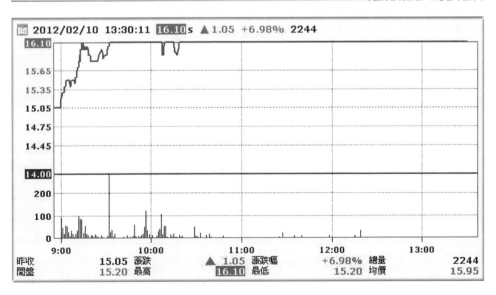

首先，請看看「太極」在2012年2月10日的「分時走勢圖」（圖5-4）。太極在這一天所表現的就是「強攻」。在當天上午9時半過後，基本上就沒有賣盤了。雖然到了10時半之前兩度打開漲停板，開過兩次小口，但後來又拉上漲停板，而且一價到底。

接著，請再看看「太極」2012年2月13日的「分時走勢圖」（圖5-5）這一天的走勢是個漂亮的「一字型漲停板」！這是斬釘截鐵地宣告它的強勢。這一天本來給人一種美好遠景的想像空間，彷彿「太極」從此就要過「幸福快樂的日子」了，可惜是次日它的表現造成「一粒老鼠屎，壞了一鍋粥」！

圖 5-5　2012 年 2 月 13 日太極的「分時走勢圖」 （圖片資料來源：XQ 全球贏家）

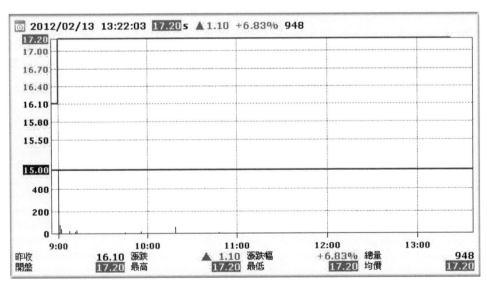

請看2月14日的「分時走勢圖」（圖5-6），這張圖就「零零落落」了。雖然挾前一個交易日的威風，太極一開盤就漲停，但接下來，情況不妙。有大單下殺！雖然迅即再拉起，但又再度下殺。這回再拉起的力道就微弱了，因為護盤的人意志已經鬆動，到上午 10 時多，竟殺到平盤的位置。若此時仍未賣出，今天的漲停豈非白賺了？因此，有了這樣的疑慮，開始呈現拉抬和出貨的兩極化對壘，股價再度漲停板，但不久就打開；又漲停板，再打開；再漲停板，又打開。最後，賣壓還是居於上風，漲幅只有 3.78％。從 2 月 14 日盤中的走勢，可以看出其後的命運──如果沒有大跌，也該是休息、盤整的行情了。

圖 5-6　　2012 年 2 月 14 日太極的「分時走勢圖」　（圖片資料來源：XQ 全球贏家）

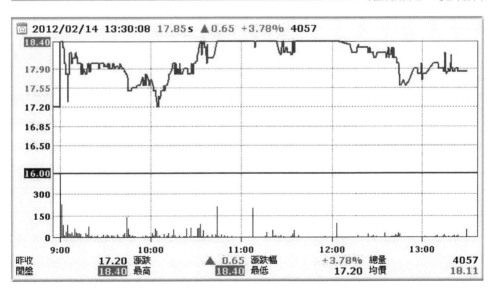

根據筆者的「經驗值」，當一檔股票已經上漲過一段時日，有那麼一天突然漲停板而又殺到 2%～3% ，成交量也比往常（用五日、十日成交量作比較）爆出更大的量，再加上第二天的下跌，那這檔股票就勢必大回檔了！

四、盤中走勢強度，預判它的未來命運。

　　請看圖5-6，「太極」（4934）在2012年2月14日這一天的走勢，可以看出主力的步履蹣跚。一開盤就漲停板，但實際上，氣數已盡。當天開盤後立刻連續三波的殺盤，最低碰到平盤的價格。接下來，「太極」又離奇地用力往上攻，在兩波漲勢中拉上漲停板。我想，沒有追上、買到股票的人肯定會覺得可惜。

　　然而，半個小時後，它的敗相卻露出來了。接著，在一個小時的漲停板開開關關中，顯示了它的「不安定性」，最後還當真下來了呢！收盤漲幅只有 3.78%。前面說過，根據筆者的「經驗值」，當一檔股票已經上漲過一段時日了，有那麼一天突然漲停板而又殺到 2%～3% ，成交量也比往常（用五日、十日成交量作比較）爆出更大的量，再加上第二天的下跌，那這檔股票勢必要大回檔了！

　　「太極」的走勢就是如此。它當天最高來到 18.4 元漲停板的頂峰，最後收盤卻「晚節不保」地變成漲幅只有 3.78% 的 17.85 元！

▶ *Point* **05**　流星型態的漲停板，適合中長線放空

　　除了「吊人」型態的漲停板，是個不能買、還應該立刻賣出的「有毒」股票之外，另外有一種叫做「流星」的技術線型股票，也有毒的，需要特別注意。

　　在愛情的領域裡，流星是個美麗的圖騰，象徵著浪漫與祈福。可是，一旦落入股市的範疇，它就是個不祥之兆！

　　「流星」，有曇花一現的味道，也有人把這種線型組合稱為「陽線流星（或陰線流星）」、「長上影陽線（或長上影陰線）」、「止漲 K 線」，還有人乾脆直接稱它為「雷公針」、「避雷針」，也有人根據它的外型有點像箭矢搭在弓上、準備拉弓射出，而稱它為「射擊之星」。

　　「流星」的線型，有什麼特徵呢？簡單地說，就是：

❶上影線很長，沒有下影線。

❷K 線的實體是紅、是黑，都沒有關係。

❸實體通常比較短小，上影線的長度，大約是實體的兩、三倍。

　　「流星」還可分成「陽線流星」、「陰線流星」兩種。

　　當個股在盤中往上攻，過了中場以後，或臨收前的尾盤，才滑下來跌到開盤以下，形成 K 線實體的，是黑線的「陰線流星」；如果

是跌落到開盤稍微上方形成實體的，則是「陽線流星」。

「陰線流星」比「陽線流星」更為弱勢。

圖 5-7　陽線流星
（圖片資料來源：作者提供）

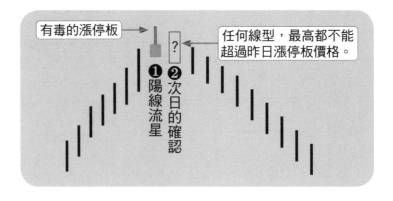

圖 5-8　陰線流星
（圖片資料來源：作者提供）

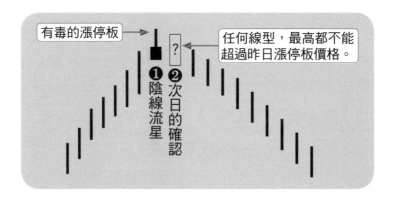

這兩種流星型態，為什麼都說是「賣出訊號」呢？

因為這表示多頭上攻，受到挫折，於是形成很沈重的高檔獲利賣壓。尤其上影線很長，就表示有相當多的人在高檔時追進股票，到收盤時當天都被套牢了。

一般來說，出現「流星」訊號的第二天，如果是開低，或當天再向高檔挑戰時仍無法再攻過「流星」的高點，則是回檔前兆。所以，一定要經過第二天的確認，這種賣出訊號才能算數。

另一方面，「流星」的實體，與前一天 K 線實體之間，必須要有跳空。

不過，大抵來說，這倒不是很重要的條件。只要是有長達兩、三倍的上影線，有沒有跳空，並不是挺重要的。這樣的線型，也可以說是「流星」。

總之，「流星」就是一種「回檔」的暗示。既然如此，那麼符合「流星」線型的漲停板，就不能買！因為會剛好買在最高價！

請看圖 5-7 和圖 5-8，「陰線流星」和「陽線流星」都是有毒的漲停板。

這種線型組合，在下跌之後，常常慢慢盤跌一段時間，所以「漲停板」的價格正是相當好的放空高點，而不是買點。

06　振曜 KD 死叉，劃破漲停多方的美夢

以下再以振曜（6143）這檔股票作說明。振曜是一檔上櫃公司的股票，為台股「手持式設備」的指標之一，屬於電子股，且是「電子書」概念股。它是可以融資融券（融資成數為五成，融券成數為九成）的小型股，股本只有 8.07 億元。

2010 年 12 月 1 日振曜（6143）開盤 87.2 元，距離前一個交易日（2010 年 11 月 30 日）的收盤 83.5 元，漲幅為 4.43％。這種開得很高的格局，令人產生一種股價即將回升的錯覺。如果不看 2010 年 12 月 2 日以後的行情線圖，似乎這是很棒的現象。尤其它的價格、成交量都突破了前幾天的表現，更顯得樂觀。所以，那一天很多人都被樂觀的氣氛沖昏頭，追進這一檔有毒的漲停板！

請看圖 5-9 ～圖 5-13。2010 年 12 月 1 日這天，雖然開了 4.43％這麼高漲幅的股價，可是它在衝上漲停板 89.3 元以後，卻以 85.3 元收盤了！收盤價的漲幅只有 2.16％，這是多麼像「流星」的線型啊！它具備了「流星」的三大特色：

❶上影線很長，沒有下影線。

❷ K 線的實體是黑的，所以應該叫做「陰線流星」。

❸實體比較短小，上影線的長度，比實體更長。

圖 5-9

查價	✕
時間	2010/11/30
商品名稱	振曜
開	85.00
高	85.50
低	83.30
收	83.50
漲跌	-1.10
漲跌幅	-1.30%
游標	79.91
成交量	1569張 ↓
MA5	3230張 ↓
MA10	2980張 ↑

圖 5-10

查價	✕
時間	2010/12/01
商品名稱	振曜
開	87.20
高	89.30
低	85.30
收	85.30
漲跌	1.80
漲跌幅	2.16%
游標	83.13
成交量	6749張 ↑
MA5	3905張 ↑
MA10	3589張 ↑

圖 5-11

查價	✕
時間	2010/12/02
商品名稱	振曜
開	86.00
高	86.20
低	82.30
收	83.80
漲跌	-1.50
漲跌幅	-1.76%
游標	84.48
成交量	2534張 ↓
MA5	3179張 ↓
MA10	3773張 ↑

圖 5-12

查價	✕
時間	2011/03/17
商品名稱	振曜
開	42.85
高	43.00
低	41.10
收	42.00
漲跌	-1.80
漲跌幅	-4.11%
游標	42.20
成交量	1013張 ↓
MA5	872張 ↑
MA10	671張 ↑

　　振曜（6143）在這一天的線型，是一種比「陽線流星」更為弱勢的線型，不可小覷。我們於事後來看看它在「曾經漲停板」的這一天，卻一路盤跌到何處呢？由圖 5-13 可以得知，跌了好幾個月，跌

到隔年的最低點 2011 年 3 月 17 日的 41.1 元，才告煞車。

　　測量一下這其中的跌幅，竟然是高達 53.9％！可見，「振曜」
在的漲停板真是有毒啊！

圖 5-13　　　　　　　　　　　　　　　　　（圖片資料來源：XQ 全球贏家）

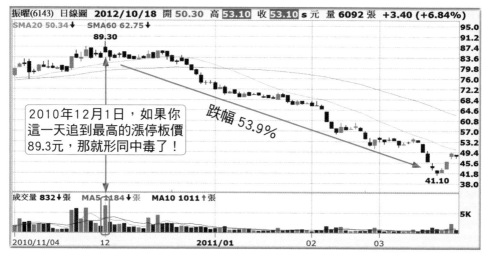

　　再來看看振曜（6143）在 2010 年 12 月 1 日這天的漲停板出現
後，如何查知是有毒的？

⑴最明顯的是 KD 值及 RSI 這兩個數據已經死亡交叉（簡稱「死叉」）。

⑵它是由低處上來已久的高檔區了，必須有「風險觀念」。

⑶經由它的第二天確認（價格不高過昨日漲停板的價格）是「流星」
　線型之後，大趨勢的盤跌便開始了，這是一個非常適合長期放空的
　賣出訊號及賣出點。如果追買就錯了！

▶ Point *07* 唐鋒推石上山，滾鞍落馬說跌就跌

　　我們再以「唐鋒」（4609）來作說明。「唐鋒」是一檔上櫃公司的股票，為台股「家電」的指標之一，屬於電線電纜類股。由於出過事，所以現今變成全額交割股。但它還是可以融資融券的（見圖5-17）（融資成數為四成，融券成數為100％）的小型股，股本只有4.79億元。

　　2011年10月17日「唐鋒」，開盤21.15元，這距離前一個交易日（2011年10月14日）收盤價20.3元，算是開高了，因為漲幅達41.87％。不僅如此，這一天的股價還被拉上了漲停板（21.7元）！

圖 5-14

查價	✕
時間	2011/10/14
商品名稱	唐鋒
開	19.00
高	20.30
低	18.70
收	20.30
漲跌	1.30
漲跌幅	6.84%
游標	19.530
成交量	307張 ↑
MA5	115張 ↑
MA10	105張 ↑

圖 5-15

查價	✕
時間	2011/10/17
商品名稱	唐鋒
開	21.15
高	21.70
低	20.60
收	20.60
漲跌	0.30
漲跌幅	1.48%
游標	20.607
成交量	707張 ↑
MA5	242張 ↑
MA10	168張 ↑

圖 5-16

查價	✕
時間	2011/11/24
商品名稱	唐鋒
開	12.40
高	12.90
低	12.40
收	12.90
漲跌	-0.40
漲跌幅	-3.01%
游標	12.416
成交量	160張 ↓
MA5	183張 ↓
MA10	171張 ↓

第 05 章：什麼樣的漲停有毒？　　185

然而，漲停板（21.7 元）也是有毒的！

如果用這個漲停板價格去買，肯定會後悔莫及，因為沒有解套的機會了。請看圖 5-18，從 2011 年 10 月 17 日的高點 21.7 元，計算到 2011 年 11 月 24 日的低點 12.4 元，總共跌幅達 42.86%，相當可觀！

我們看「唐鋒」2011 年 10 月 17 日的線型，是多麼像「流星」的線型！它具備了「流星」的三大特色：

❶上影線很長，沒有下影線。

❷ K 線的實體是黑的，所以應該叫做「陰線流星」。

❸實體比較短小，上影線的長度，比實體更長。

圖 5-17

（圖片資料來源：XQ 全球贏家）

4609唐鋒 個股代碼/名稱: 查詢

股價 重大行事曆 警示資訊

市場別	櫃檯	交易狀況	全額交割
主管機關警示	正常	撮合作業	正常
單筆預繳單位	0	累計預繳單位	0
融資買進交易	正常	融券賣出交易	正常
融資賣出交易	正常	融券買回交易	正常
融資成數	40%	融券成數	100%

在這一天的「成交量」也顯示出異樣－－

成交量多達707張，是MA5（242張）的2.92倍，也是MA10（168張）的4.2倍。然而，在股價方面卻由高處21.7元滑下來，在20.6元處收盤。

這就充分說明了主力「出貨」了。

「量大不漲，股票要回頭」，是一句至理名言，我們從第二天是跌的狀況來看，更可以確認無誤了！

如果在當天買到漲停板的投資人，除了認賠之外無法補救。

對於這種股票，應該選擇不跟進，才不會中毒！

圖 5-18　　　　　　　　　　　　　　　　　　　　　　（圖片資料來源：XQ 全球贏家）

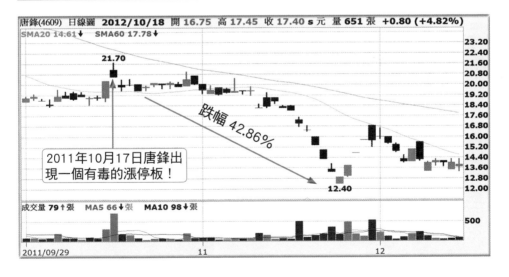

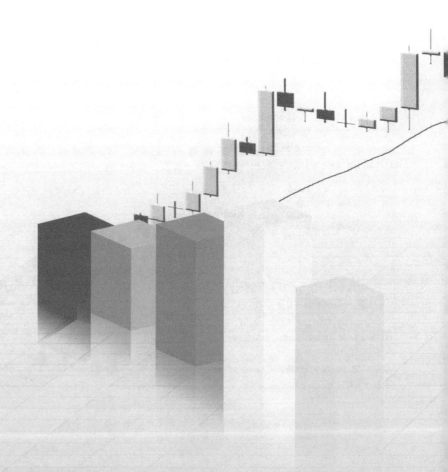

Chapter 6

主力被套漲停，散戶可追

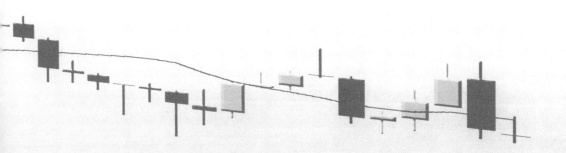

▶Point **01**　洩些天機給你，只能做不能說

主力會不會被股票套牢呢？

一般來說，精明的主力是不該被套的，但是碰到大環境、大經濟面不佳，如果操盤者失去警覺，那是無可奈何的。

不過，根據我的了解，主力是不願賠錢的，他們大都會苦撐，之後再尋求解套。畢竟，他們的資金太龐大了，一旦賠掉，再救回來就難了。

這就好比你有一百萬元，賠到只剩十萬元，是很容易的，但是，如果你要用這十萬元去玩到變成一百萬元可就難。因為股票是資金的大小，再乘以漲幅或跌幅。所以，自然是＂大資金跌得快＂、＂小資金漲得慢＂了，這簡單的算術原理，讀過小學的人都懂，但在股票操作時，很多人都忘了。

筆者近年深入研究籌碼，不斷發現股市的「最高機密」，覺得自己進步神速。千言萬語我只想說，股市還是人為的操作居多，只是投資人往往如在迷宮尋求出路一樣，過程中常因經驗不足被誤導浪費很多時間。而我就是不斷記住迷宮設計者的一些共同特點，並一路做許多標記，讓自己不再重蹈覆轍的人。

目前我站在一定的高度看這迷宮，有時很想告訴其他的人怎麼

走。可是，又怕主辦單位或其他參與者不滿，所以，對於市場上的主力、作手的身分還是不得不幫他保密一下。這就好像在賭場中，高手常因太厲害了而被老闆注意一樣，套一句大陸的習慣語，那將是「沒有好果子吃的」。

我婉拒過知名雜誌邀請出版 DVD、演講及宣傳曝光，所以沒有變成名人的憂慮。我的書雖因曝光度不高、不會像那些名人那樣暢銷，但始終有一批忠誠的讀者。

忠誠的讀者是我比較關心的，因為是有緣人。那麼，告訴這為數不多的有緣人，自然不會對股市有較大的傷害。我也就大可放心了。我說過，股市的機密法則是「只可做不可說」，一些機密一旦大家都知道了，就不靈了。因為當事人一定會另起爐灶、改變策略。所以，當您買到筆者的書，讀到、看到、想到、做到，就是賺到了。不必告訴別人，咱們悄悄地在股市獲利淘金即可。

在本篇，我將透露相當具體的內容和圖片，不是告訴你某一檔明牌，只是用實例說明筆者的獨家發現，提供您舉一反三，尋找其他的明牌。

我相信，讀者從本篇中將會得到重大啟示，在選股、買賣時機以及對漲停板的看待、理解，一定會獲益匪淺。

▶ *Point* **02   主力沒有弄懂大盤趨勢，種下苦果**

　　首先，請您翻開筆者所著的《你的股票買賣時機精準嗎？》第一章，筆者在這篇中教你一個秘訣－－

　　SMA5 大於 SMA240 就是長期的好買點；SMA5 小於 SMA240 就是長期的好賣點。

　　請注意，是長期哦，不是短線。我曾經請教過一位民間資深高手，什麼時機是長線的好買點及好賣點。他告訴我的是「跌破十年線」。經過我自己的驗證，他說的沒錯。但是我提出了自己研發的心得是：

一、跌破十年線的機率，太難等了。簡直是「打高空」的
　　法則。

二、這麼長期的買點也太難找了，即使是股票的專業軟體，
　　有些也沒那麼長期的資訊蒐集能力。

三、我的方法則是：長期投資者多以半年為期，作一次，
　　一旦發現股價不動或跌太多，都會動搖持股的決心，
　　所以要想立竿見影，「SMA5 大於 SMA240 就是長期
　　的好買點；SMA5 小於 SMA240 就是長期的好賣點」，
　　比較容易快速見到成果！

事實證明，很多主力就是不知道筆者這個重大發現而被套牢！

舉例來說，2012 年 4 月 13 日這一天，我就覺得是個作多者的短期「世界末日」，我開玩笑地說這一天的「四」音如「死」，「十三」又是傳統所說的「不吉利」，加上當天還是「黑色星期五」，難怪股票在這一天以後就不妙了！

在這一天買進股票的人多半被套牢了！

圖 6-1 是 2012 年 4 月 13 日的大盤日線圖：

圖 6-1   （圖片資料來源：XQ 全球贏家）

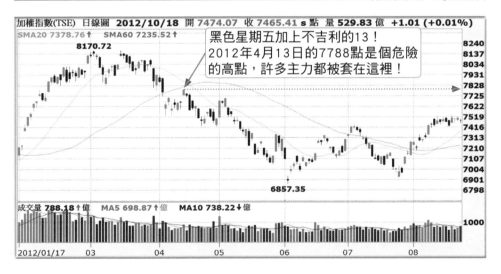

在這個大盤的日線圖中，筆者很清楚地點出了 2012 年 4 月 13 日「是個『危險的高點』，很多主力都被套在這裡」。

但這可能很難被讀者相信，因為就當天的數據（表 6-1）是多麼美好啊！

表 6-1

2012年4月13日星期五	
加權指數	開盤7734.55點／最高 7788.27點／最低7733.18點／收盤7788.27點
指數漲跌	大漲125.35點
漲幅	1.64%
SMA5和SMA240	SMA5是7669.88點／SMA240是7848.64點
成交量	885.47億
MA5和MA10	MA5是722.9億／MA10是812.76億

▶ Point 03 研判趨勢，請多揣摩筆者的秘訣

從表6-1，我們可以看出2012年4月13日當天是大漲125點的，為什麼說是大漲呢？不是才漲1.64%的幅度而已嗎？

——因為大盤從2012年3月2日的高點（8170.72點）跌下來以後，一直是跌多於漲的，再怎麼好的日子都沒漲高於100點，所以感覺上2012年4月13日那天就是大漲。

在大漲的時候，大家已經疏於防範了，都以為大盤看好了、要向上攻堅了。所以很多被拉上漲停板的股票擁有者都沒賣出股票，最後都被套牢了！主力也不例外。許多主力才剛剛買好的股票就被隔天起的逐漸賣壓打得抬不起頭來。有的股票到了筆者截稿的八月底都還沒再護盤或買賣股票，只能傻呼呼地等著新主力拉股票來讓他出貨。而新主力會那麼傻嗎？

想知道 2012 年 4 月 13 日為什麼是個危險的高點嗎？答案就在我《你的股票買賣時機精準嗎？》一書中的老秘訣，只是可能投資人讀的時候不夠用心。只要你重視它，就可以逃過一大段的損失！

 圖 6-2

(圖片資料來源：XQ 全球贏家)

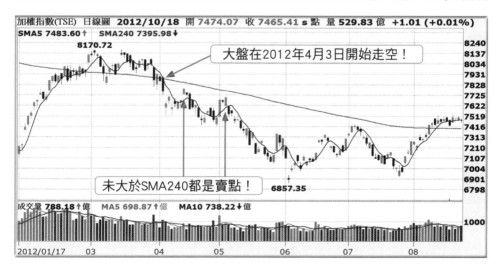

請再看圖 6-2，事實上，在 2012 年 4 月 13 日之前，從 2012 年 4 月 3 日起，SMA5（7669.88 點）就已經正式小於 SMA240（7848.64 點）了，行情早就走空。一旦 SMA5 沒有大於 SMA240，作多者就不會有好日子過！

大家看圖 6-2，圖中註明「未大於 SM240 都是賣點」的，箭頭指出了兩個高點，那分別是 2012 年 4 月 13 日的 SMA5（高點在 7788.27 點）以及 2012 年 5 月 4 日的 SMA5（高點在 7704.87 點），可說一波比一波低，根本碰不上 SM240 的線。

圖 6-3　　　　　　　　　　　　　　　　　　　　　（圖片資料來源：XQ 全球贏家）

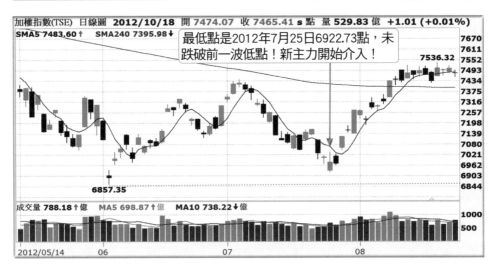

大盤從 2012 年 4 月 3 日起正式開始走空，直到 2012 年的 6 月

4 日（低點：6857.35）才告落底。在這兩個月裡，很多個股都哀鴻遍野。

對我個人來說，幾乎沒有持股，連方天龍博客（blog）都不再更新。凡是回覆讀者的信，都勸大家要保守以待。

然而，2012 年的 6 月 4 日這個低點也令人不敢相信一定是真正落底了，直到 2012 年 7 月 25 日的最低點（6922.73 點），沒有跌破前一波（指 6 月 4 日）的低點，大家才鬆了一口氣，確認已經築底。從此，新主力才又開始介入！

請看圖 6-3，這個日線圖所告訴您的訊息是再清楚不過了。

▶ Point **04** **主力如何套牢？秀一個實例**

說完了大趨向，回頭再來談談「漲停板」。

「漲停板」就是主力進出的最大線索。不管是大主力，還是小主力；不論是單獨的主力，還是多個主力；不管是否消息面影響，會造成某一個股票「漲停板」，就是不可小看的特殊徵兆。如果有很多主力都把它所能掌控的個股拉上漲停板，那就是股市準備「回春」的訊息。但是主力也會看錯，也會被套牢的，如果不及時溜走，股價也一

樣會一路下滑，後悔莫及。

其次，主力如果無法把他掌控的個股拉上漲停板，有時代表主力的實力不夠，後市看淡。

散戶對股票的跟進與跟出，有一個最大的不便，就是當股價強勢漲停時，我們不好追、買不到，偏偏那是勝利成功的獲利保證。可是，如果買到的漲停板的次一檔價格，常常是致命傷！也就是說，有一個邏輯極為有趣，買到漲停板的次一檔價位（48.9元），不該買，而比這高一檔的漲停板價位（49元），如果鎖住、買不到了，反而值得買！

現在，我們來看看「華寶」（8078）。「華寶」是一檔電子股，該公司從事的是「手機」的產業，屬於金仁寶集團的個股，也是台商印度概念股。股本60.77億。從去年2011年12月20日底部確認之後，我在籌碼的追蹤調查裡，發現有個最大庫存的主力被套在2011年4月11日、4月12日兩天，至今仍然無法翻身。

來看看這三天的分時走勢圖，同時反思一下筆者提出的問題：

（一）、這一天，你會想追漲停板嗎？

當一檔股票大單買進，很可能一直攻上漲停板。你想半路攔截搭上便車嗎？你研判確定會拉上漲停板嗎？

圖 6-4

（圖片資料來源：XQ 全球贏家）

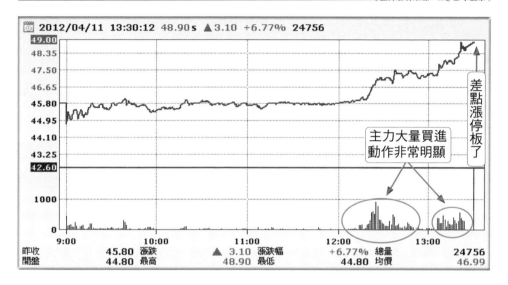

我們來看「華寶」第一天的走勢（見圖 6-4）。

這位主力在 2011 年 4 月 11 日把股價拉到漲停板之下，便無力攻堅了，雖然跟進者眾，但最後股價仍然沒有收漲停板（49 元），而是收在 48.9 元。

在圖 6-4 中，我們可以看出，這檔股票是開低走高的。開盤 44.8 元，就是最低檔了。

在當天上午的三個小時裡，成交量都沒有放開來，股價也都在匍伏前進，直到中午 12 時才有大單買進，然後分兩波積極上攻，可惜並未拉上漲停板。

這時，您覺得可不可以追高呢？

我的意思是，如果你沒有在低檔跟進，而到臨收盤前，會不會用漲停板的價格去追呢？

如果在最後一盤用市價買進，自然會成交在 48.9 元，而且一定買到。因為收盤並未漲停板，漲幅只有 6.77％。

這一天的總成交量為 24,756 張，MA5 是 22,529 張，MA10 是 22,630 張。

【簡單評析】

價量齊揚、股價創新高，基本上就是可以追的。但我都得先看看它的「股性」，才決定追不追。

有的股性很牛皮，偶然拉一拉就像冰淇淋一樣容易融化，那我就做當沖。如果是平靜無波已久的第一個漲停板，我就追。但追的時候不必一次全部投入，可分批買進——這叫做「試盤」。

你必須在盤後看看籌碼，才知道是不是被玩「隔日沖」的大戶騙了。

如果碰到隔日沖的玩家，這檔股票就只有一日行情。你孤注一擲，是會吃大虧的！

05　法人盤愛搞怪，漲停第二天先洗洗盤

（二）、第二天，你猜可能漲停板嗎？

　　假設你第一張成交在最後一盤（48.9 元），那麼你是忐忑不安呢？還是對獲利充滿了期待感？

　　提示你一下，昨天（4 月 11 日）大盤只漲了 15.99 點。而「華寶」今天（4 月 12 日）是開低盤的。開盤是 48.4 元！你的成本卻是 49.25 元（48.9 元 ×1.007），一開盤就輸了嗎？

　　當然不是，因為主力昨天難道是拉假的？

圖 6-5　　　　　　　　　　　　　　　　　　　　　　　（圖片資料來源：XQ 全球贏家）

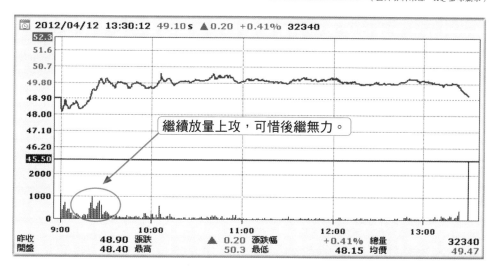

繼續放量上攻，可惜後繼無力。

請看圖 6-5，我們看「華寶」4 月 12 日在上午 9 時 19 分 6 秒以後就開始有百張以上的大買單成交，顯然主力試圖讓股價「更上一層樓」。同時我們也發現，其後，股價便一直量大不跌，維持在高檔。如果你這時想把昨天買的股票賣掉，應該也能夠獲利，因為最高價是 50.3 元，如果你真的有心「獲利了結」也不難。

但是，你這樣做了嗎？

相信最後一筆股價被打下來，變成 49.1 元收盤，一定讓你大失所望！你又開始忐忑不安了吧？因為價格已跌破你 49.25 元的本錢了！

第二天的總成交量為 32,340 張，MA5 是 23,707 張，MA10 是 24,400 張。

【簡單評析】

第二天會不會漲停板，從第一天的尾盤氣勢，多少可以猜到一些。第一天沒漲停板的股票，根據我的經驗，還有高價可期，但比較不容易漲停板。因為股票如果真的是夠強，昨天就該漲停板了，怎麼會在第二天才盤旋而上，改變心意？除非老謀深算的作手，打算亂人耳目。例如，法人盤的漲停板次日，常常變成疲軟不振，等你心灰意冷時，才又突然轉強。這是法人盤的特色。

（三）、第三天，你還賣不賣股票呢？

昨天（4月12日）尾盤下殺。今天會開高，還是開低？提示你：第一天（4月11日）大盤只漲15.99點、第二天大盤也只漲6.25點。

結果，第三天（4月13日），「華寶」是開高盤的。開盤就50元了！你的成本是49.25元，已經獲利了，而且走勢還繼續往上拉，最高到51元，才呈現「拋物線」的下墜，但是到了尾盤卻又拉高了，雖然沒有拉回51元的高點，卻也收50.1元。你安心了嗎？

第三天總成交量為12,145張，MA5是20,874張，MA10是23,039張。

圖 6-6

（圖片資料來源：XQ全球贏家）

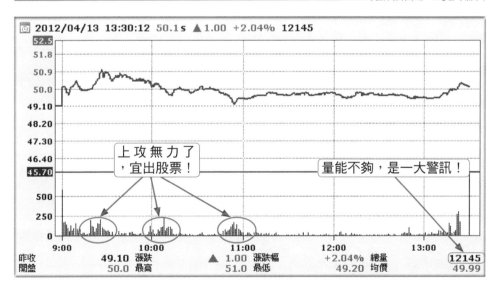

【簡單評析】

第三天這種走勢，隱藏著危機。因為連續三波的量放大，股價卻沒有跟著上去。即使最後又突然在尾盤拉高，我覺得這個拉高都是為下跌作準備的。根據經驗，尾盤勉強的拉高，隔天多半是開低盤。看總成交量的變化：第一天24,756 張，是 MA10 的 1.09 倍（24,756 張 ÷22,630 張）；第二天 32,340 張，是 MA10 的 1.33 倍（32,340 張 ÷24,400 張）；第三天 12145 張，卻只有 MA10 的 52%（12,145 張 ÷23,039 張）而已，顯然量能不夠了！

（四）、第四天，你還能獲利更高嗎？

昨天（4 月 13 日）大盤大漲 125.35 點，似乎幫你出了一口怨氣。收盤 50.1 元，你是否該抱牢等待更高價呢？第一天大盤漲了 15.99 點、第二天漲了 6.25 點。第三天大漲了 125.35 點，你覺得「華寶」是量縮價穩，有機會再漲一波嗎？假設你一直都沒賣，到了第四天（4 月 16 日）卻發現主力似乎沒力了，前 40 分鐘股價都還在盤上，後來越來越不對勁，這天整個行情一直疲軟無力到臨收盤前，最後一筆竟然打到 49.3 元！隔天，還會再上來嗎？第四天的總成交量為 6,773 張，MA5 是 19,589 張，MA10 是 22,247 張。

【簡單評析】

這一天應該是「逃命線」了！第三天在大家一片看好的情況下，能特立獨行看出危險的人，是高手中的高手；如果看不出危險，那第四天就敲出喪鐘了。我們看第四天的走勢，還可以抱持希望嗎？量能萎縮到只剩 6,773 張，連 MA10 的三分之一都不到。這已經不叫量縮價穩了。因為價格穩定必須在盤上才有資格說。依我看，尾盤必然有失望性殺盤拋出！果然，這檔股票從此一瀉千里了！

圖 6-7 　　　　　　　　　　　　　　　　　　　（圖片資料來源：XQ 全球贏家）

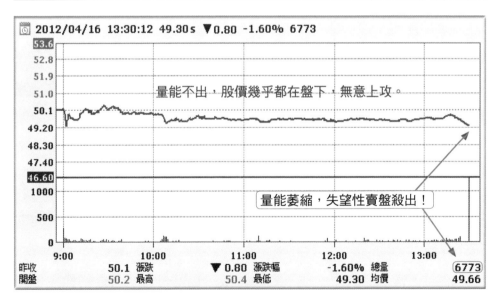

06 券資比往下走，漲停買股別擺太久

在跟進一檔股票時，人人都想搭上漲停板的「火箭」，但每一檔股票，都有它的來龍去脈與條件，無法一概而論，不過，總有一些蛛絲馬跡可以找到脈絡，那就是技術分析！

我們先從「華寶」的月線圖來研判它的命運吧！

在《你的股票買賣時機精準嗎？》一書第176頁，筆者就告訴過你一個獨門秘招，那就是：觀察月K線。

看圖6-7「華寶」的月K線，從2012年3月起，就連續五個月收黑了！

你知道是什麼原因嗎？

這裡再進一步告訴你，如何觀察「華寶」的月K線——

從圖6-8，我們已經知道，華寶在2012年1月的「券資比」竟然高達92.62%，這難道還不算是相當高峰嗎？

「券資比」是一把兩面刀，它可以切菜，也可以雕刻，但弄得不好，也會傷人。端看一檔股票目前是處於什麼位置、它的變化如何。以「賭機率」來看，「券資比」往上的機會不大了，反而往下走的機會比較高。

然而，當「券資比」往下走的時候，也就是行情告終的徵兆。

圖 6-8　　　　　　　　　　　　　　　　　　（圖片資料來源：XQ 全球贏家）

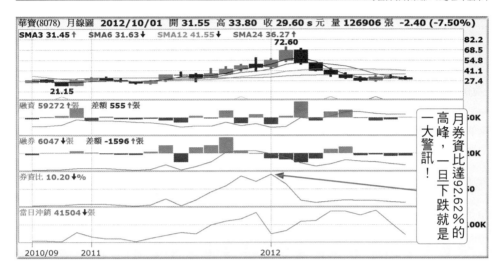

「華寶」這檔股票的月 K 線告訴我們「此股必跌」的訊息。我
們先把這個長期的訊息放在心上！

　　其次，來看看「華寶」4 月 11 日的走勢過程，我們如何因應？

　　我認為這一天買股票，是沒有錯誤的選擇。但是，在資金管理部
分必須強調的是：分批買進。

　　因為從圖 6-8 知道「華寶」在月 K 線已經露出敗相；而又從圖 6-2
知道，大盤在 2012 年 4 月 3 日已經走空了，所謂「覆巢之下無完卵」，
大盤走空，個股逆勢操作常常會碰上「意外」，所以要做「短線」，
而不要期待過高。

至於為什麼「華寶」在 2012 年 4 月 11 日是適合介入的呢？

因為：

(1)當天價量俱揚，價格到盤尾已經即將漲停了；成交量也放大了。

(2)從 RSI 的指標來看，RSI6（53.19％）大於 RSI12（42.68％）。

(3)從 MACD 的指標來看，綠磚牆已縮短，即將向上突破。

(4)寶塔線在當時是首度翻紅，意味著股價準備向上走了。

(5)從 MTM 的指標來看，MTM10 為 -1.9，大於 MA10（-7.15）。

(6)從 DMI 的指標來看，也有適合短線進出的訊息。

(7)從威廉指標來看，14、28、42 這三條線。都已擴散向上了。

(8)主力持股增加 1369 張，顯示主力看好。

(9)法人買賣超，多達 7141 張，顯示法人也認同了。

(10)從籌碼的計算統計，某主力總共在 4 月 11 日買進股票 1820 張（佔當天總成交量的 7.3％），平均價格是 47.85 元；該主力在 4 月 12 日也買進股票 3031 張（佔當天總成交量的 9.33％），平均價格是 49.83 元。

值得注意的是，這兩天中，該主力都是只買不賣的。

圖 6-9

（圖片資料來源：XQ 全球贏家）

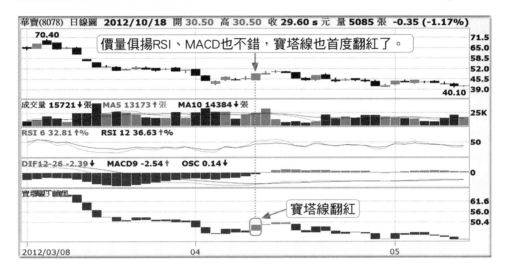

價量俱揚RSI、MACD也不錯，寶塔線也首度翻紅了。

寶塔線翻紅

圖 6-10

（圖片資料來源：XQ 全球贏家）

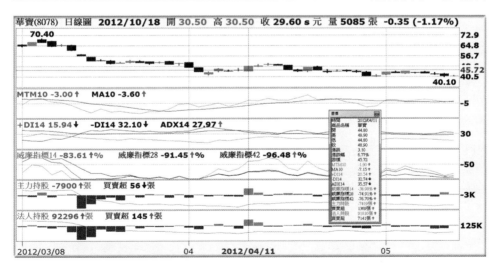

▶ Point *07* **8/1 是華寶追漲停的好時機**

　　追蹤在 2012 年 4 月 11 日、12 日兩天共買 4,851 張（1,820 張 ＋ 3,031 張）股票的這位主力，如果從這兩天算起，目前的持股是 5,068 張，均價是 47.87 元；如果從 2011 年 12 月 20 日的大盤底部 算起，如今手上還有 4,929 張，平均買進成本是 49.32 元。

　　然而，從 4 月 11 日、12 日兩天大買之後，只有在 2012 年 6 月 8 日、11 日、12 日這連續的三個交易再度連續買進，不過，買進的 量變小了，分別是第一天 229 張（均價 36.03 元）、第二天 134 張（均 價 38.36 元）、第三天 160 張（均價 37.78 元）。

　　繼續追蹤這位主力在最近兩個月的買賣進出情況，明顯停滯了。 如今，以 2012 年 8 月 24 日收盤價來看，他手上的這將近 5000 張 股票多半慘遭套牢了，而他所以沒有進出、也無護盤的動作，我看很 可能是在靜候新主力的救度吧！

　　透過籌碼的計算，我們知道老主力被套牢了，正在等待解套，所 以他買的高價股票等於在鎖籌碼。

　　所以什麼時候，才是我們介入的時機呢？

　　2012 年 8 月 1 日！

　　因為從「華寶」跌到 26.45 元之後就呈現量縮盤整，直到 2012

年8月1日第一個漲停板來臨時，就是介入的好時機！

　　從「華寶」的日線圖可以明確看出，短期內再跌到26.45元的機會沒有了！

圖 6-11　　　　　　　　　　　　　　　　　　（圖片資料來源：XQ 全球贏家）

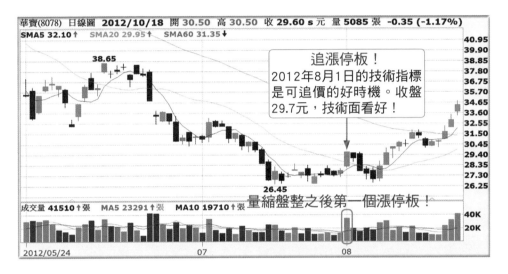

　　圖6-12是華寶2012年8月1日的分時走勢圖，緩步趨堅，在不到下午一時就鎖上漲停板到收盤了。

　　分析「華寶」在2012年8月1日追漲停板的主將及其動作如下：

❶ 多方陣營老大：一路買「華寶」，共計1,316張，均價為29.47元。

❷ 多方陣營老二：標準的「隔日沖」大戶。他總共買進「華寶」，

共計 1,079 張，均價為 29.47 元。其中以漲停板價 29.7 元買進的
股票，就佔了 1,027 張。

❸ 多方陣營老三：一路買進「華寶」，共計 909 張，均價為 29.09 元。

❹ 多方陣營老四：標準的「隔日沖」大戶。他總共買進「華寶」，
共計 724 張，均價為 29.61 元。其中以漲停板價 29.7 元買進的股
票，就佔了 702 張。

❺ 多方陣營老五：一路買進「華寶」，共計 703 張，均價為 29.19 元。

❻ 六、多方陣營老六：一路買進「華寶」，共計 690 張，均價為
29.26 元。

❼ 多方陣營老七：一路買進「華寶」，共計 627 張，均價為 28.88 元。

❽ 多方陣營老八：一路買進「華寶」，共計 490 張，均價為 28.71 元。

❾ 多方陣營老九：有隔日沖紀錄的大戶，買進「華寶」共計 477 張，
均價為 29.67 元。其中以漲停板 29.7 元成交的有 500 張。

❿ 多方陣營老十：一路買進「華寶」，共計 410 張，均價為 29.56 元。
其中以漲停板下一檔 29.6 元成交的有 400 張。

⓫ 多方陣營老十一：標準的「隔日沖」大戶。他總共買進「華寶」，
共計 370 張，均價為 29.64 元。其中以漲停板價 29.7 元買進的股
票有 190 張，以 29.6 買進的股票有 160 張；以 29.35 元買進的股
票有 20 張。

圖 6-12　華寶 2012 年 8 月 1 日的分時走勢圖　（圖片資料來源：XQ 全球贏家）

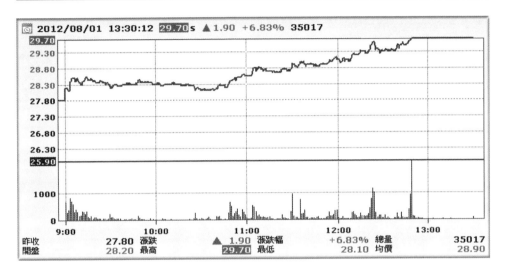

圖 6-13　華寶 2012 年 8 月 3 日的分時走勢圖　（圖片資料來源：XQ 全球贏家）

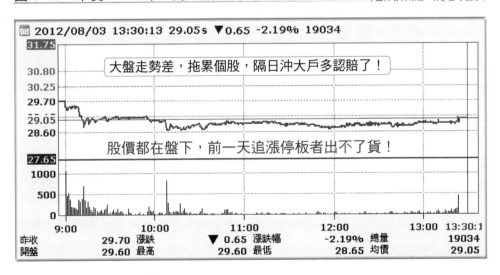

圖 6-14

（圖片資料來源：XQ 全球贏家）

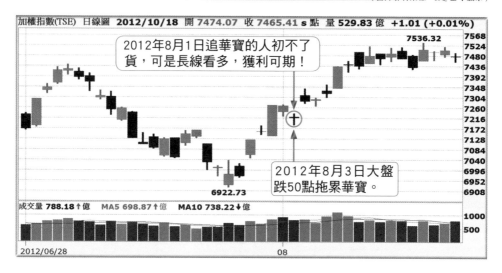

加權指數(TSE) 日線圖 2012/10/18 開 7474.07 收 7465.41 s 點 量 529.83 億 +1.01 (+0.01%)

2012年8月1日追華寶的人初不了貨，可是長線看多，獲利可期！

2012年8月3日大盤跌50點拖累華寶。

7536.32
6922.73

成交量 788.18↑億　MA5 698.87↑億　MA10 738.22↓億

2012/06/28　08

▶ Point 08　華寶力拔山河，多方人馬共襄盛舉

　　從以上的籌碼分析，可知 2012 年 8 月 1 日的「華寶」是由多方人馬共襄盛舉，才會在不到下午一時即已鎖上漲停板。這其中包括了某兩位知名主力以及標準的「隔日沖」大戶群。他們是敵對關係呢？還是合作關係？為什麼剛好在同一天買這一檔股票？

　　8 月 1 日的第二個交易日──8 月 3 日（8 月 2 日因颱風休市）行情如何呢？是否被「隔日沖」大戶群獲利回吐的賣壓打下來呢？

從圖 6-13 的日線圖可以看出，事實並非如此。當天的大盤行情不好（見圖 6-14），拖累了「華寶」，以致這個前一天漲停板的個股在次日從頭到尾都處於盤下，最高價是 29.6 元。許多「隔日沖」大戶都認賠了。

　　筆者再深入探討「隔日沖」大戶的買賣實況，發現多方陣營老二認賠了。他以均價 29.28 停損出場。

　　多方陣營老四也分兩天認賠了：8 月 3 日先賣 480 張，均價是 29.03 元；8 月 6 日再賣 227 張，均價是 29.1 元。

　　多方陣營老十一分四天賣出，剛好四天都是跌的。他 8 月 3 日賣 182 張，8 月 6 日賣 48 張，8 月 7 日賣 80 張，8 月 8 日賣 70 張。這 4 天所賣的股票計算起來，均價是 28.38 元。這位「隔日沖」大戶賣光股票的次日（8 月 9 日），「華寶」的股價才開始連續漲上來。他大概有些不甘心，又於 8 月 10 日介入，以 30.05 元的均價買到「華寶」190 張，不料 8 月 11 日竟又以 29.24 元的均價認賠！戰情，是非常慘烈！

　　反觀多方陣營老大，他和多方陣營老三，都不是做「隔日沖」的主力，他們在「華寶」跌的時候並未賣出，反而是逢低加碼。例如老大是用 29.01 元的均價買了 264 張，老三則是用 29.3 元的均價，加碼買進 151 張。

為什麼把籌碼研究得這麼清楚呢？因為我們可以從主力大戶用真金白銀砸下去的結果，作為學習範本。知己知彼，才能百戰百勝。

綜合這些主力大戶的實戰結果，我們可以得到這樣的結論：

❶ 這並非長期作多的主力在修理「隔日沖」大戶群。他們次日一張也沒賣出，所以應是合作關係。只是由於大盤不好，有的人忍得住，有的人疑因資金關係或貼現等規定而不得不認賠殺出。

❷ 按照技術分析的理念，短線進出要有短線進出的邏輯，不急於當沖或隔日沖的人才是正確的操作方法。隔日沖的玩法不見得是萬靈丹，我們從 8 月 24 日股價已來到 32.9 元，可以得到印證。從容不迫、理性操盤，才會成為大贏家！

❸ 老主力被套的股票，等於幫忙鎖籌碼，只要追蹤新主力的成本，即可輕鬆搭便車。例如自 8 月 1 日追漲停板，就是成功的保證，如果不熟悉籌碼的去向，就抱不長、抱不久，也就賺不到大錢。

投資智典系列

股票獲利智典①　　　定價：199元

技術面篇

作者：方天龍

股票獲利智典④　　　定價：199元

5分鐘K線篇

作者：新米太郎

股票獲利智典②　　　定價：199元

股價圖篇

作者：新米太郎

股票獲利智典⑤　　　定價：199元

期貨當沖篇

作者：新米太郎

股票獲利智典③　　　定價：199元

1日內交易篇

作者：新米太郎

股票獲利智典⑥　　　定價：249元

超短線篇

作者：新米太郎

【訂購資訊】　　　http://www.book2000.com.tw

郵局劃撥：帳號/19329140　戶名/恆兆文化有限公司

ATM匯款：銀行/合作金庫(代碼006)/三興分行/1405-717-327091

貨到付款：請來電洽詢　☎ TEL 02-27369882　📠 FAX 02-27338407

電話郵購任選二本，即享85折　買越多本折扣越多，歡迎洽詢

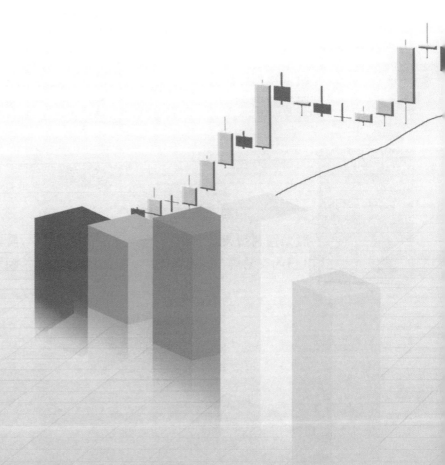

chapter 7

最給力的漲停板

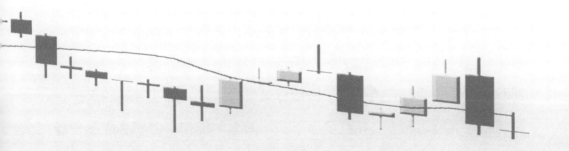

01　什麼樣的漲停，要連滾帶爬地追？

　　「給力」兩個字，本是中國北方的土話，意即「給勁、帶勁」的意思，現在已經成為網路的熱門詞彙了。用「給力」兩字作篇名，很多老先生可能不太懂，幸好我的讀者太老的已經不多了。基本上，資深的股友不太會買我的書，因為他們看慣了讀不懂的外國翻譯書或名家專著之後，多半堅認自己「很行」，卻從來不知道外面的世界、別人的功力已經高到什麼程度。所以，我的書大部分還是賣給可塑性較大的青、中年人居多。

　　值得一提的是，看拙著的讀者年齡層已經降到令我咋舌的地步。根據我自己建檔照顧的讀者資料顯示，最年輕的居然還有十七歲的，據說當家長的還挺支持小伙子做個專業的投資家！如此開明的思想在從前是匪夷所思的事。如此發展下去，股票的操作學遲早必成為一種「顯學」。可嘆的是，筆者從前在上班的時候，基本上都像在做虧心事似的偷偷「玩」股票，也沒有好書足以啟發我；「有幸」結識過一些主力，也常常被騙來騙去。直到靠自己一天花十幾個小時下功夫研究之後，總算才拜在「驗證」（實驗求證）老師的門下，取得「九陰真經」。感謝「驗證」老師傳授了我許多真正的股市最高機密。

　　我的讀者知識程度多半很高，有很多在研究所進修中的研究生非

常熱中股票的學問，常常寫信給我；也有不少台大的學弟妹們在看我的書，還有幾位已經下部隊服役的大學應屆畢業生，在忙碌的軍中仍不忘來信，真是「給力」！感謝大家的垂愛，天龍下半輩子將繼續不輟地把最新的心得分享讀者。

在本篇中，我要談的兩個重點是「什麼樣的漲停板，應該連滾帶爬地追？」

本書前面說過，很多漲停板都是不能追的、是「有毒」的，那麼什麼是最棒的漲停板、是「有機」的呢？

「有機」的說法，是套用我平常吃的米種——有機米。據說這指的是栽種稻米的過程中，使用天然有機的栽種方式，完全採用自然農耕法種出來的大米。在栽培過程中不能使用化學肥料、農藥和生長調節劑等。我相信「漲停板」也能在淘汰不良品種的個股表現下，取得最安全可靠的投資標的。

那麼，什麼樣的漲停板是最好的，必須連滾帶爬地追買呢？那就是：先找「低檔跳空而上的漲停板」下手。也就是說，在上升趨勢的缺口找「漲停板」處買進！

最強的漲停板就是「一」字形「跳空漲停板」的飆股！但勸大家要記住，若要介入，一定得在「低檔的第一根漲停板」就必須買進，否則高檔套牢，股價也會「怎麼樣上去，就怎麼樣下來」！

▶ Point 02 過濾股價＜5、MA5＜500的飆股

越是買不到的股票越好！

這話有點矛盾是吧？

其實世間的事也莫不是如此。好東西大家都搶破頭、擠破頭，還需要排隊。有些餐廳或食品也是打著「限量供應」在銷售的。股市也是這樣，真正好的股票也是「限量供應」的，因為「惜售」了。

不過，正如有些餐廳或食品宣傳是「言過其實」的，事久見人心；有些股票也不是真的很好，可能只是主力在搞「假動作」而已。所以，我們可要認清楚！

根據「經驗值」，有些股票雖然也是「跳空而上的漲停板」，但本身條件並不好，我們可別搬石頭砸腳！

例如5元以下的股票，以及成交量不及500張的股票，就別碰吧！有些經過專家設計的股票專業軟體，就是在提供「條件選股」項目時建議過濾股價5元以下、五日均量在500張以下的個股。這一點，絕對是正確的經驗之談。

舉例來說，請看圖7-1，這是一檔叫做「力廣」的股票，只因它是所有的上市公司一週來漲幅排行榜的第一名，漲幅是28.21％。

為此，筆者特地去查了一下，哇！股本只有3.87億元的上市公

司，屬於力晶集團的電子類股。此外，請看圖 7-2，它是無法信用交易的（不能融資融券），還被打入了「全額交割」的行列。

抓下「力廣」（2348）這檔股票的日線圖，只供欣賞而已。如果在 1988 年漲停板滿天飛的年代，不足為奇，但現在一週漲幅 28.21％，可說是「蔚為奇觀」。

圖 7-1

（圖片資料來源：XQ 全球贏家）

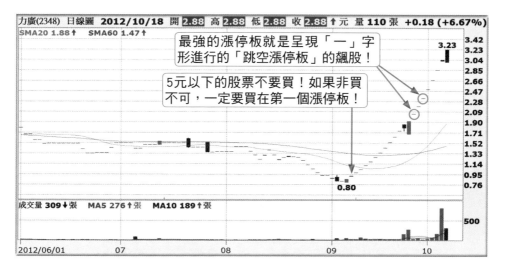

看看它的基本面，就可以知道為什麼不能買它了。

請看表 7-1，巴菲特先生最重視的「股東權益報酬率」它竟然是負 2215.58％！

這也是「蔚為奇觀」了！

獲利能力各項都這麼差，它的股價也走得太離譜了。所以，還是別冒險的好！如果非冒險不可的話，就請買在第一個漲停板吧！

表 7-1

資料來源：XQ 全球贏家

獲利能力(2012.2Q		投資報酬率(10/05)	
營業毛利率	1.97%	今年以來	46.34%
營業利益率	-13.88%	最近一週	28.21%
稅前淨利率	-1,351.83%	最近一個月	265.85%
資產報酬率	-431.41%	最近二個月	120.59%
股東權益報酬率	-2,215.58%	最近三個月	111.27%

圖 7-2

（圖片資料來源：XQ 全球贏家）

2348力廣　個股代碼/名稱:　查詢

股價　重大行事曆　警示資訊

市場別	集中	交易狀況	全額交割
主管機關警示	正常	撮合作業	正常
單筆預繳單位	0	累計預繳單位	0
融資買進交易	停止	融券賣出交易	停止
融資賣出交易	停止	融券買回交易	停止
融資成數	---	融券成數	---

▶ *Point* *03* 「位置」和「量能」，是漲停板精髓

「跳空」的意思是：股價受利多、利空或主力、法人等等的強烈運作，出現較大幅度上下跳動的現象。

當股價受利多影響上漲時，行情表上當天的開盤價或最低價高於前一天收盤價兩個股價的升降單位以上，稱跳空而上。

圖 7-1 標示之處，就是屬於「一字形」跳空漲停的股票，是最強勢的漲停板。所謂「一字形」跳空漲停的股票，就是股價當天跳空漲停（或跳空跌停），個股股價的開盤、收盤、最高、最低價，全部都在同一個價格上。

如果要介入這樣的漲停板，一定要在低檔區（底部區）的第一根漲停板跟進，晚了就會有風險。

關於漲停板的話題，筆者必須強調的是，「位置」是最重要的，其次是「量能」。

「位置」和「量能」可說是「漲停板」主題的精髓所在。

請看圖 7-3，泰豐（2102）這檔股票是上市公司的「橡膠」類股，是台股「橡膠輪胎」行業的指標之一，也是 ECFA 概念股。它的股本 40.32 億元，算是不大不小，相當適合投資的股票。可以信用交易（融資成數：六成，融券成數：九成）。

圖 7-3

2102泰豐		個股代碼/名稱：		查詢

股價 ｜ 重大行事曆 ｜ 警示資訊

市場別	集中	交易狀況	正常
主管機關警示	正常	撮合作業	正常
單筆預繳單位	0	累計預繳單位	0
融資買進交易	正常	融券賣出交易	正常
融資賣出交易	正常	融券買回交易	正常
融資成數	60%	融券成數	90%

當證交所 2012 年 8 月 16 日公告「1 種注意股票」（指的是「泰豐」）之前，筆者早就已經「注意」過啦！

因為 2012 年 8 月 14 日當天，「泰豐」（2102）出現了我最喜歡的漲停板型態－－

K 線向右橫盤（最好是左低右高的型態）之後，拉出了一根「跳空漲停板」的股票！

在 2012 年 8 月 14 日「泰豐」（2102）的分時走勢圖中，我們可以看到它一開盤就是漲停板，顯示了主力的決心。盤中曾經有一兩次打開了漲停。然後，就一直閉上了，收盤之前都未再打開。

這使筆者回想到「我在主力身邊的日子」（見拙著《主力想的和你不一樣》第一篇，當時的主力「古董張」曾經向我解說，一檔股票

的漲停板最好是開一點小嘴，讓大家進來共同參與，但是開在尾盤就不好了！」

現在想想，滿同意他的見解的，這位主力（古董張）在股市已有四十餘年，實戰經驗可是一等一的！

圖 7-4　泰豐在 2012 年 8 月 14 日的分時走勢圖 （圖片資料來源：XQ 全球贏家）

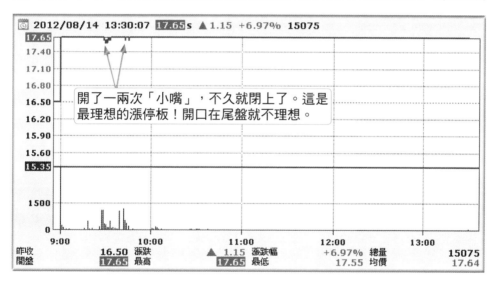

2012 年 8 月 14 日，「泰豐」收盤 17.65 元。

這是最棒的漲停板！

但並非「一字型」的漲停板，想買這檔股票還是買得到，它最低來到 17.55 元。

▶Point *04* 泰豐六次漲停板，透露奇妙的玄機

當然，這種股票是可遇不可求的，你必須花很多時間尋找，因為有些作手很高明，會故意在收盤前把股價弄成並未「漲停」作收，以免你從股票專業軟體或自己設計的程式中發現它。他知道很多高手都在「漲停板」的股票中選股。我們再看圖 7-4 就知道，「泰豐」除了第一個漲停板之外，到 10 月 4 日為止，它已經不連續地出現過六根漲停板了！但是，除了第一次以外，其他的五次收盤都不是漲停板！這就是獨家的發現！現在仔細分析：

一、2012 年 8 月 14 日，收盤 17.65 元。這是最棒的買點，值得連滾帶爬地去追買。不過，真要在這天買進，就是一種「小賭」，因為它是一種「預見買點」，並非「技術買點」，根據經驗，這個漲停板也可能是「隔日沖大戶」硬拉上去的，明天他們都準備全賣得光光的，那麼線型就會改變了——會變成「繼續盤整」，那就還要繼續觀察了。

所以，「技術買點」就必須等待第二天的「確認」結果才能投入。根據獨家心法，第二天開高又收高，我才會買；如果開低，我就知道是「假的突破」了。不買！但若是跳空漲停（不管打不打開）又收漲停，我一定追買！因為這會使得「隔日沖大戶」又捨不得賣了。不過，

如果是開盤就跳空漲停，有實力的主力也會在「隔日沖大戶」蝗蟲般地過境之後，又把股票拉上漲停板。那後市就有得瞧了！

　　二、請看圖 7-5，「泰豐」在 2012 年 8 月 14 日的成交量是 15,102 張，是 MA5（4,985 張）的 3.03 倍，也是 MA10（3,670 張）的 4.11 倍，可見得它不僅在 K 線的「位置」上已有異狀（股價突破向上），「量能」上也有了不同之處。我說過，「位置」和「量能」，是漲停板的研究精髓所在，這裡已經有了最合適的範例。

圖 7-5

（圖片資料來源：XQ 全球贏家）

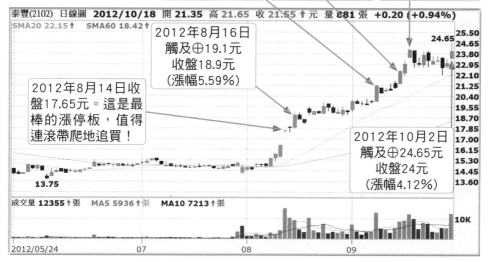

三、從 2012 年 8 月 14 日的技術面來看，它的 RSI 也是作多的。因為六日 RSI 已經大於十二日 RSI 了。

同時，MACD 也是正值的，它的柱狀體（我都叫它「紅磚牆」）也長高了。至於 KD 值的表現也和 RSI 差不多，就不詳列了。

還有我很看重的「寶塔線」也是續紅的。

總之，這一天的技術指標都顯示作多了。

圖 7-6　泰豐在 2012 年 8 月 14 日的技術分析資訊　　　（圖片資料來源：XQ 全球贏家）

查價	✕
時間	2012/08/14
商品名稱	泰豐
開	17.65
高	17.65
低	17.55
收	17.65
漲跌	1.15
漲跌幅	6.97%
成交量	15102張 ↑
MA5	4985張 ↑
MA10	3670張 ↑
游標	14328.4張
RSI 6	93.52% ↑
RSI 12	86.19% ↑
DIF12-26	0.36 ↑
MACD9	0.11 ↑
OSC	0.26 ↑
K(9,3)	93.45% ↑
D(9,3)	83.49% ↑
寶塔線3	續紅

▶ *Point* **05** **黑白兩道介入干預，股價變得畏縮**

　　四、臺灣證券交易所在 2012 年 8 月 16 日的「有價證券注意交易資訊公告」中首度將「泰豐」名列為當天的唯一「1 種注意股票」：

泰豐 (2102) 股票最近六個營業日平均成交量較最近六十個營業日之日平均成交量放大為 5.52 倍。當日之成交量較最近六十個營業日之平均成交量放大為 6.98 倍。本日收盤價 18.90 元，本益比為 15.49。

（新聞見於 8 月 17 日各大媒體）

　　臺灣證券交易所在 2012 年 8 月 21 日的「有價證券注意交易資訊公告」中再度將「泰豐」名列為當天的唯一「1 種注意股票」：

泰豐 (2102) 股票最近六個營業日平均成交量較最近六十個營業日之日平均成交量放大為 5.49 倍。當日之成交量較最近六十個營業日之平均成交量放大為 6.44 倍。本日收盤價 19.10 元，本益比為 15.66。

（新聞見於 8 月 22 日各大媒體）

以上這些資料，更說明了「泰豐」是有「量能」的股票，所以它是值得追買的股票。

　　不料，如果你無法在「預見買點」、「技術買點」出現時下手，「最後買點」究竟在何處，很難說。從事後看，當然是 9 月 10 日。但此後能有多少的發展已經很難說了。

　　因為習於作空的官方已經祭出壓抑股價的手段了：

　　泰豐（2102）股票於 2012 年 9 月 17 日至 2012 年 9 月 21 日止，有價格波動過度劇烈之情事，依規定自 2012 年 9 月 24 日起降低融資比率一成及提高融券保證金一成。

　　（方天龍按：即融資成數：五成、融券成數：十成）

　　直到 2012 年 10 月 4 日起，它才又恢復其原融資比率及融券保證金成數：

　　泰豐 (2102) 股票，迄 10 月 3 日止連續六個營業日無價格波動過度劇烈之情事，依規定自 2012 年 10 月 4 日起恢復其原融資比率及融券保證金成數。

　　（方天龍按：即融資成數：六成、融券成數：九成）

五、如此一來，「泰豐」的股價經過了「黑白兩道」分別的需索之後，股價走勢已經變得扭曲了。

　　從這些「細節」中，筆者觀察出主力在六根漲停板中的後五個漲停板，再也不敢抬頭作人了，只敢低調行事。

　　請看具體寫真：

❶ 2012 年 8 月 14 日，開盤漲停板 17.65 元，最低 17.55 元收盤也是漲停板。這時官方尚未干預。

❷ 2012 年 8 月 16 日，觸及漲停板 19.1 元，收盤 18.9 元（漲幅 5.59%）。

❸ 2012 年 9 月 10 日，觸及漲停板 21.3 元，收盤 21.25 元（漲幅 6.52%）。

❹ 2012 年 9 月 16 日，觸及漲停板 22.5 元，收盤 22.4 元（漲幅 6.16%）。

❺ 2012 年 9 月 19 日，觸及漲停板 24.2 元，收盤 24.1 元（漲幅 4.78%）。

❻ 2012 年 10 月 2 日，觸及漲停板 24.65 元，收盤 24 元（漲幅 4.12%）。

▶ Point 06　台股美在資訊透明，但人為干預太多

　　台股的優點是「資訊透明」，行情容易掌握；缺點是「人為因素」干擾，獲利很難把握。

　　站在「泰豐」股價的走勢來看，「黑白」兩道介入，使得它的未來變得畏畏縮縮，無法挺胸抬頭地走下去。因而多頭獲利的速度也越來越慢了。筆者在研究其籌碼時發現，一個投信機構從 2012 年 10 月 1 日起大買四天之後就縮手，彷彿若有所思；而 10 月 3 日一家自營商竟然搬石頭砸自己的腳似的，把 10 月 2 日他們自己買的股票認賠掉了！不知是怎麼回事。

　　起先我以為是他們挾大量資金準備「先放空再接回，賺取差價」。結果詢問一位業內的資深人士，他在自營商的行業也有十幾年的專業經驗了。他說，只有外資可以借券放空。基本上自營商認賠就是認賠了，不會有什麼顧慮的。

　　後來，筆者想一想，也應該是這樣。從籌碼的研究裡，我慢慢推翻了「主力大戶是永遠不必認賠的」這種說法。很多大戶其實一直在股市輸錢的，只是一般沒研究的人不知道而已。

　　以下把 2012 年 7 月 30 日～ 2012 年 10 月 5 日的「泰豐」重要關鍵因素列出來，提供讀者參考：

表 7-2：2012 年 7 月 30 日～ 2012 年 10 月 5 日的行情分析表

時間	開盤價	最高價	最低價	收盤價	成交量	MA5	MA10	方天龍評述
2012/7/27	14.95	14.95	14.8	14.8	732	382	352	在此之前，成交量都和MA10差不多。本日的量已是MA10的兩倍。
2012/7/30	14.85	15.15	14.85	15.05	3334	974	672	本日起開始有百張以上的大戶介入。所以這是關鍵起點。
2012/7/31	14.3	14.95	14.15	14.7	6226	2166	1270	泰豐的除權除息日。融資融券解禁。
2012/8/1	14.5	14.75	14.5	14.7	1087	2339	1319	
2012/8/3	14.7	14.8	14.45	14.55	962	2468	1382	
2012/8/6	14.9	15.05	14.7	14.95	2231	2768	1575	
2012/8/7	14.95	15	14.8	14.9	1268	2355	1665	
2012/8/8	15	15	14.75	14.85	730	1256	1711	
2012/8/9	14.8	15.45	14.8	15.45	2889	1616	1978	
2012/8/10	15.45	15.8	15.15	15.8	2122	1848	2158	
2012/8/13	15.6	16.5	15.5	16.5	4081	2218	2493	
2012/8/14	17.65	17.65	17.55	17.65	15102	4985	3670	第一次漲停板。多方宣誓開始作戰的關鍵日期。價量俱揚！
2012/8/15	17.95	18	17.55	17.9	10400	6919	4087	
2012/8/16	17.9	19.1	17.8	18.9	9235	8188	4902	第二次觸及漲停板。收盤漲幅5.59%。交易所公布為「注意股票」。
2012/8/17	18.9	19.1	18.55	18.55	4456	8655	5251	
2012/8/20	18.55	18.55	18.2	18.3	3282	8495	5357	
2012/8/21	19.4	19.55	18.9	19.1	10341	7543	6264	交易所再度公布為「注意股票」。
2012/8/22	18.9	19.25	18.9	19.2	4069	6277	6598	

時間	開盤價	最高價	最低價	收盤價	成交量	MA5	MA10	方天龍評述
2012/8/23	19.2	19.25	19	19.05	3068	5043	6616	
2012/8/24	19	19.95	19	19.6	7452	5642	7149	
2012/8/27	19.8	19.8	19.2	19.5	2679	5522	7008	
2012/8/28	19.5	19.65	19	19.1	3406	4135	5839	
2012/8/29	19	19.45	19	19.15	2963	3914	5095	
2012/8/30	18.95	19.6	18.8	19.3	3514	4003	4523	
2012/8/31	19.25	19.3	18.9	19.15	2390	2990	4316	
2012/9/3	19.3	20.1	19.15	20	7112	3877	4699	
2012/9/4	20	20.15	19.8	19.8	3510	3898	4016	多方最大的新主力介入，連續買進19天，到9月28日為止。
2012/9/5	19.8	20	19.65	19.8	1983	3702	3808	
2012/9/6	19.8	20.2	19.7	19.7	3274	3654	3828	泰豐的現金股利發放日。
2012/9/7	20	20.1	19.85	19.95	3360	3848	3419	
2012/9/10	20	21.3	20	21.25	12976	5021	4449	第三次觸及漲停板。收盤漲幅6.52%。
2012/9/11	21.1	21.1	20.65	20.65	4992	5317	4607	
2012/9/12	20.8	21.05	20.75	20.9	4312	5783	4742	
2012/9/13	21	21.4	20.85	20.85	2955	5719	4686	
2012/9/14	21.45	21.6	21	21.1	5221	6091	4970	
2012/9/17	21.4	22.5	21.4	22.4	8608	5218	5119	第四次觸及漲停板。收盤漲幅6.16%。
2012/9/18	22.25	23.3	22	23	8984	6016	5667	
2012/9/19	23.5	24.2	23.5	24.1	12205	7595	6689	第五次觸及漲停板。收盤漲幅4.78%。
2012/9/20	24.05	24.05	22.7	23.1	9890	8982	7350	
2012/9/21	23.05	23.5	22.8	22.95	4749	8887	7489	

時間	開盤價	最高價	最低價	收盤價	成交量	MA5	MA10	方天龍評述
2012/9/24	22.9	23.95	22.7	23.7	7967	8759	6988	本日起,「泰豐」股票降低融資比率一成及提高融券保證金一成。
2012/9/25	23.9	24	22.75	23.25	7635	8489	7253	
2012/9/26	22.95	23.6	22.95	23.2	3481	6744	7170	
2012/9/27	23.2	23.65	23.15	23.25	3158	5398	7190	
2012/9/28	23.5	23.5	22.1	22.7	5382	5525	7206	
2012/10/1	22.8	23.4	22.65	23.05	5304	4992	6876	法人中的投信、外資從這天開始連續買超五天。
2012/10/2	23.45	24.65	23.4	24	12355	5936	7213	第六次觸及漲停板。收盤漲幅4.12%。老主力出脫第一天。
2012/10/3	24	24	23	23.3	5063	6252	6498	老主力出脫第二天。
2012/10/4	23	23.35	22.55	23.3	5261	6673	6036	老主力出脫第三天。「泰豐」股票恢復原融資比率及融券保證金成數。
2012/10/5	23.6	23.6	22.8	22.95	3053	6207	5866	老主力出脫第四天。

表 7-3:2012 年 7 月 30 日～ 2012 年 10 月 5 日庫存量統計

多方陣營	買進	賣出	買賣總額	庫存張數	空方陣營	買進	賣出	買賣總額	庫存張數
多方第1大主力	6,350	195	6,545	6,154	空方老大	178	1,598	1,776	-1,420
多方第2大主力	6,289	543	6,832	5,746	空方老二	553	1,792	2,345	-1,239
多方第3大主力	5,651	855	6,506	4,795	空方老三	402	1,342	1,745	-940
多方第4大主力	3,309	236	3,546	3,073	空方老四	1,433	2,323	3,756	-890
多方第5大主力	4,536	1,847	6,383	2,688	空方老五	13	862	875	-849

多方陣營	買進	賣出	買賣總額	庫存張數	空方陣營	買進	賣出	買賣總額	庫存張數
多方第6大主力	4,227	1,765	5,992	2,461	空方老六	805	1,612	2,417	-807
多方第7大主力	5,958	3,949	9,908	2,009	空方老七	381	1,083	1,464	-702
多方第8大主力	1,922	73	1,995	1,848	空方老八	258	861	1,119	-603
多方第9大主力	2,222	657	2,879	1,564	空方老九	54	606	660	-552
多方第10大主力	1,946	532	2,478	1,414	空方老十	163	704	867	-540
多方第11大主力	1,916	513	2,429	1,402	空方老十一	57	588	645	-531
多方第12大主力	1,476	80	1,556	1,396	空方老十二	576	1,080	1,656	-503
多方第13大主力	2,189	1,010	3,199	1,178	空方老十三	479	945	1,424	-466
多方第14大主力	1,737	678	2,415	1,058	空方老十四	212	673	886	-461
多方第15大主力	1,266	247	1,513	1,018	空方老十五	147	575	723	-428
多方第16大主力	3,247	2,246	5,494	1,001	空方老十六	139	560	699	-421
多方第17大主力	1,260	315	1,575	944	空方老十七	86	442	528	-355
多方第18大主力	1,190	346	1,536	843	空方老十八	145	500	645	-355
多方第19大主力	1,416	591	2,008	825	空方老十九	104	450	555	-345
多方第20大主力	1,883	1,070	2,953	812	空方老二十	99	442	541	-343
多方第21大主力	4,463	3,700	8,163	763	空方老廿一	9	349	358	-340

表 7-4：近期最有實力的主力成本分析

（統計至 10 月 5 日，泰豐本日收盤價 22.95 元）

	買進	賣出	買賣總額	差額	方天龍評述
多方 第1大主力	6,350	195	6,545	6,154	這是目前最大的庫存主力，算是新主力。從 9 月 4 日開始介入，連續 19 天大買超，直到 9 月 28 日才停手。成本價位：21.95 元。
多方 第2大主力	6,289	543	6,832	5,746	這是目前庫存第 2 大主力，也是新主力。從 9 月 4 日開始介入，在 24 天中頻頻買超，其中只有 3 天小賣超。成本價位：22.31 元。
多方 第3大主力	5,651	855	6,506	4,795	這是目前庫存第 3 大主力，從 8 月 17 日開始有不連續大量介入，在 36 個交易日中買多賣少。成本價位：21.68 元。
多方 第4大主力	3,309	236	3,546	3,073	這是目前庫存第 4 大主力。他是一個全新的主力，從 9 月 18 日才開始以大單介入。他有兩次出手千張的實力。成本價位：23.33 元。
多方 第5大主力	4,536	1,847	6,383	2,688	這是目前庫存第 5 大主力，從 8 月 16 日開始，先有不連續的賣單祭出，從 9 月 6 日起翻空為多，連續 17 天大買超，直到 9 月 28 日才停手。成本價位：22.08 元。
多方 第6大主力	4,227	1,765	5,992	2,461	這是目前庫存第 6 大主力，長期操作此股，從 8 月 14 日開始，有大單介入，平均成本是 19.7 元。
多方 第7大主力	5,958	3,949	9,908	2,009	這是目前庫存第 7 大主力，8 月 14 日起開始有大單介入，時買時賣，到 9 月 5 日只剩 107 張。所以他也成為 9 月 6 日起的新主力。目前平均成本是 18.43 元。
多方 第16大主力	3,247	2,246	5,494	1,001	這是目前庫存第 16 大主力，8 月 14 日起開始有大單介入，時買時賣，明顯是個有實力的短線主力。目前他只剩 1001 張，平均成本是 21.88 元。
多方 第21大主力	4,463	3,700	8,163	763	這是目前庫存第 21 大主力，也是「泰豐橫盤之後」發動攻擊的關鍵人物，也是最早的主力。從 8 月 14 日起，連續只買不賣 11 天，10 月 2 日～10 月 5 日連續出貨，共達 3694 張。堪稱大贏家。他目前只剩 763 張，平均成本是 19.36 元。

07 迎新送舊，老主力交棒新主力及投信

一、泰豐「多方第 21 大主力」是個令人佩服的開路先鋒，他目前的持股雖然只剩 763 張，卻是由若干日子以來，K 線橫盤之後發動攻擊的關鍵主力。他從 10 月 2 日起連賣了四天股票，恰好和投信從 10 月 1 日起連買五天的時間點差不多，有點像把「接力賽跑的棒子」交到了法人的手上。看來他已經把手上低價的股票賣得差不多了。此外，從 9 月 4 日起就先後開始接手的「目前庫存前十名主力」都算是新主力，所以「泰豐」雖然從 14.15 元的底部區上來，已經有很大的漲幅，可是筆者研判仍有後市！因為籌碼已經過換手了。新主力群的手上股票成本價格多半比較高，不會讓股價跌得太深。（詳情請看表 7-3 的深入分析）至於這檔股票到底有多大的潛力，仍需看台股大盤的變化，以及新主力群的認知、意願、作為而定。在三大法人中，自營商動輒亂砍、停損，自亂陣腳，不足為訓（也有人善意解讀是為了取量謀私，只好出此下策）；而投信較為理性，如果繼續買進下去，其影響力將會是最大的。

二、從空方人馬來看，空方庫存最多的老大，是一個大輸家。他在 7 月 23 日之前，並無大筆交易紀錄，但在 7 月 23 日以均價 14.68 元買超 98 張之後，可能思維改變了，竟在 7 月 31 日（這一天是泰

豐的除權除息日）反多為空，連賣8天，這八天總共賣出1292張「泰豐」，此後仍陸陸續續在賣股票，但都只是幾十張而已，力量和多頭大軍甚難抗衡，就這樣被軋到現在（指10月5日）。這位「鐵齒」的空頭老大，似乎還等著「泰豐」重跌，以收復失土。他目前的庫存是1,322張（從7月23日開始計算），平均賣單的成本價是15.74元。而10月5日價位是22.95元收盤。要回到他的賣出（或放空）成本價，我個人認為並不十分容易。

　　三、空方還有一位庫存負1,239張的大人物，也是一位輸家。不過這位空方老二顯然比較「有點擔心」，凡是股價上揚的日子，他就趕快補回幾十張，從7月30日算起，他總共陸陸續續補回397張，目前庫存剩下1,239張，否則光是7月30日、7月31日這兩天他就賣了1,636張。他是不是「放空」？很難說。但是查不到他過去的大筆交易，所以研判應該是放空，尤其在股價一拉抬就趕快回補的動作，讓我產生了這樣的聯想。不過，更周密地思考，就必須查查有關它的融資、融券「重要行事曆」。得出的資料是：2012/07/26 ~ 2012/07/30是停止融資期間，2012/07/24 ~ 2012/07/30是停止融券期間。也就是說，7月31日起就可以融券放空了。另外一種可能就是除權時先空後補（用兩個月以後發的股子回補），但也未免「空」得太低價了吧！

四、從「泰豐」股價以及籌碼流動的表現，我可以把它分為三階段：2012年7月30日～9月3日是一個階段，2012年9月4日～9月28日又是一個階段，10月1日～10月5日更是一個階段。初階段是老主力的建立持股低價買進的時間，二階段是新主力相繼前來共襄盛舉的時機，三階段是法人慢慢介入（10月1日～5日，投信共買2,361張，外資共買641張）的時候，而老主力也趁勢獲利了結（10月2日～10月5日連續出貨，共達3,694張）。

因而籌碼似乎由新主力群及投信、外資接手了。

圖 7-7 （圖片資料來源：XQ 全球贏家）

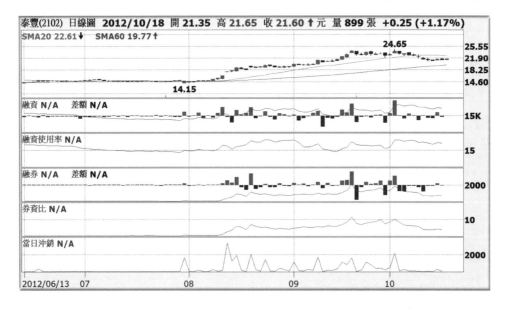

五、從信用交易的角度來看，「泰豐」的軋空條件並未成熟，因放空的券單慢慢在回補中。除非多方大軍強勢上攻，才會增加一些融券的額子。目前多頭陣營似乎有從主力交棒到投信等法人手上的態勢。法人作風一向沈穩，想必要先洗洗盤讓浮額，並且「恭送」老主力出走之後，才會繼續發動「獲利專車」。所以，擁有持股的人務必「稍安勿躁」。籌碼已經告訴你，換手即將成為尾聲了！

▶Point *08* 三個買點反覆揣摩，功力才有精進

出一個習題，讓讀者思考一下：

現在有一檔股票叫做淳安（6283），它是一檔電子股，是台股手機零組件指標之一，股本 8.99 億元。可以信用交易（融資成數：六成，融券成數：九成）。時光回到 2012 年 9 月 11 日，淳安開盤沒多久，股價就衝到漲停板了。

你剛好看到這檔股票，你會眼睛一亮，想要跟進嗎？沒想到它一碰觸到漲停板就滑下來了，在 10.2 元的價位中徘徊盤整，不久突然又急拉漲停板了。

剛才沒買，這時會急著想買嗎？

圖 7-8　　　　　　　　　　　　　　　　　　　　　　　　　（圖片資料來源：XQ 全球贏家）

6283淳安	個股代碼/名稱：		查　詢

股價　重大行事曆　警示資訊

市場別	櫃檯	交易狀況	正常
主管機關警示	正常	撮合作業	正常
單筆預繳單位	0	累計預繳單位	0
融資買進交易	正常	融券賣出交易	正常
融資賣出交易	正常	融券買回交易	正常
融資成數	60%	融券成數	90%

圖 7-9：2012 年 9 月 11 日淳安（6283）分時走勢圖 　（圖片資料來源：XQ 全球贏家）

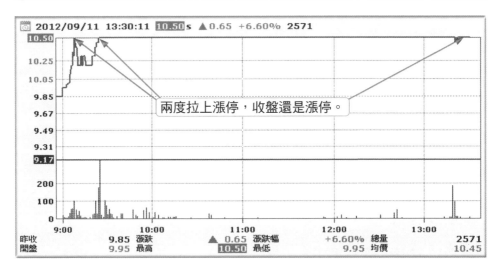

兩度拉上漲停，收盤還是漲停。

圖 7-10　　　　　　　　　　　　　　　　　　　　（圖片資料來源：XQ 全球贏家）

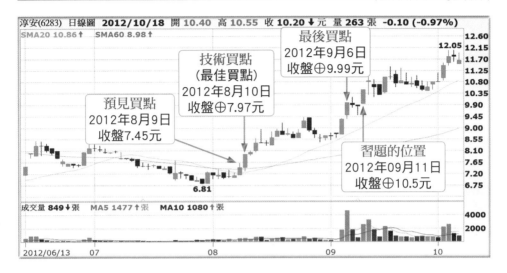

答案是可以買，因為後面還有很多高點可以出股票（圖 7-9）。但是，我在本書第一篇提到了，飆股有三個買點，如今在「淳安」（6283）的實例中，筆者是這樣安排的：

一、預見買點：

在 2012 年 8 月 9 日的收盤為 7.45 元，已經是「淳安」從跌到 6.81 元低點再經過數日盤整之後的一次突破。這一天是股價創新高的日子，所以是一種「預見買點」，只要隔一天開高，無論如何，在此日買的價格都比隔一天低。這是有先見之明的買點。不過，明天究竟是

開高呢？還是開低？並不一定。所以，這樣的買進，也算是冒險，並不可靠，只能以「試盤」的心情「小賭」一下。萬一股價從此飆高，那就恭喜買到低價股票了；萬一股價並不如想像，那也不致動用到太多進出其他股票的資金。

二、技術買點：

　　2012 年 8 月 10 日收盤為 ⊕ 7.97 元。這一天是我規畫中的「技術買點」，也是「最佳買點」。

　　為什麼才差一天，且都是股價創新高，昨天不是最佳買點，今天卻是最佳買點？

　　因為昨天並未漲停板，今天卻漲停板了。漲停板表達的是一種主力強烈作多的訊息，而 2012 年 8 月 9 日卻沒有漲停板，只收 7.45 元，其漲幅只有 4.49％。你可以發現，只要漲停板之後，股價就開始往上推升了。畢竟漲停板能夠鎖住的話，是需要動用相當龐大的資金，如果隔一天仍保持在原地踏步，便無法拉開和散戶的成本距離，所以理論上股價是會往上走的；如果沒有動的話，那就是在洗盤，再等幾天，量縮到極點然後一放大，自然就會動了。

三、最後買點：

2012 年 9 月 6 日是我規畫中的「最後買點」，當天收 9.99 元。所謂「最後買點」並非以後就不會漲了，而是在安全的範圍內買進，比較不必擔驚受怕。飆股的基本面底細一般都諱莫如深，所以寧可訂在比較前面的幾支漲停板內買進，以免有意外產生。一般來說，當最後買點出現時，較大的「成交量」已經滾出來了，所以只能漲不能跌。如果是「漲」，那就是「量增不跌，高還會更高」；如果是「跌」，那就是「量大不漲，股票要回頭」了。

　　在這裡，筆者要提醒的是，一檔股票在「橫盤」之後突破盤局的第一個漲停板，一般都是我說的「預見買點」或「技術買點」，但也有例外的，那就是沒有「爆量」。連續漲停卻沒有量的配合，一般來說是「假的突破」，惟有一連串的「量」放大，才是真正的大漲行情。

　　在我個人的做法，都是從「預見買點」到「技術買點」，再到「最後買點」，一路分批買進，然後在「最後買點」結束後就開始注意賣點。當覺得主力有出貨可能時，就會在開盤第一筆掛賣而賣到漲停板，否則也會在第二度再拉漲停板時迅速脫手。

　　請看 7-10 就是筆者實戰的個案。我在 2012 年 9 月 6 日把「勁永」（6145）股票賣掉的動作就是如此。該股開盤就漲停板，我發現不對了，當它第二度拉上漲停板之後，我立刻把手上的持股都賣光，就是當機立斷地賣到漲停板！

圖 7-11　　2012 年 9 月 6 日勁永（6145）的分時走勢圖（圖片資料來源：XQ 全球贏家）

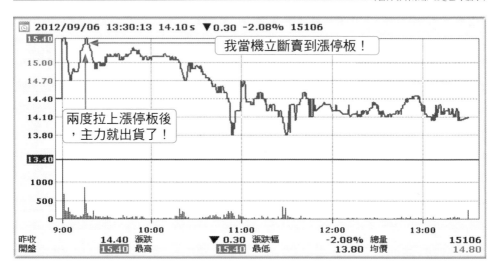

圖 7-12

（圖片資料來源：作者提供）

個人帳戶－投資明細

交易日期	委託書號	股票名稱	交易種類	股數	單價	成交金額	手續費	交易稅	淨收金額(+)淨付金額(-)	自備款擔保品	融資金額保證金	融資利息	融券手續費	標借費	利息代扣稅款
2012/08/29					小計										
08/29	X0120	[6145]勁永	現買		12.65										
2012/08/30					小計										
08/30	X0047	[6145]勁永	現買		12.90										
08/30	Y0038	[6145]勁永	現買		13.10										

「勁永」這檔股票，我在它跌到 6.55 元的底部區時（見圖 7-14），並未注意到它，而是在玩別的股，直到 2012 年 8 月底，才發現它的「預見買點」、「技術買點」都過了，同時「量」已經開始「爆」了。

　　為了充分掌握「噴出行情」，我自己就連續三波「只買不賣」地追買－－

(1) 2012 年 8 月 29 日，首度買進，成交價是 12.65 元。

(2) 2012 年 8 月 30 日，加碼買進，當天分兩筆買，分別成交於 12.9 元及 13.1 元。（圖 7-15）

(3) 2012 年 9 月 4 日，再度加碼買進，成交價是 13.5 元。（圖 7-13）

　　經過三度連續買進，基本上我的「最後買點」也過了，於是就在 2012 年 9 月 6 日，以一筆漲停板的價格 15.4 元，把手上的「勁永」全數賣光了！（見圖 7-13）

圖 7-13

（圖片資料來源：作者提供）

交易日期	委託書號	股票名稱	交易種類	股數	單價	成交金額	手續費	交易稅	淨收金額(+)淨付金額(-)	自備款擔保品	融資金額保證金	融資利息	融券手續費	標借費	利息代扣稅款
2012/09/04			小計												
09/04	X0076	[6145]勁永	現買		13.50										

圖 7-14　　　　　　　　　　　　　　　　　　（圖片資料來源：XQ 全球贏家）

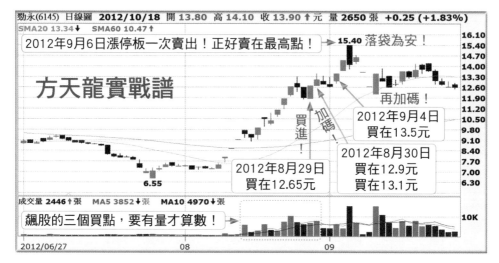

継續看圖 7-15，2012 年 9 月 5 日我玩了一趟「昆盈」（2365）的成功當沖，也是以「抓漲停板」的心態去選股，但我的做法並未如「勁永」那樣一路買進，甚至在當天還選擇漲停板的下一檔賣出，就是對它的後市並不樂觀。

原因是當天的「昆盈」我在低檔就已連續用融資買了兩筆股票，準備漲停板之後（當天這檔股票氣勢看來就是有直達峰頂的機會）用一筆融券全部軋掉。但發現它的漲停板有點難賣，為了保持戰果，我就不那麼計較、非賣漲停板不可了。

股票的投資戰術必需是靈活的。每檔股票並非都要採取同一種對待方式。也惟有隨機應變才是贏家之道。而從我選擇在漲停板下低一

檔價格當沖軋掉的做法，也可以看出這檔股票的後市不佳。從 10 月 5 日回顧它的走勢，顯然看法是對的。（見圖 7-18）

圖 7-15
（圖片資料來源：作者提供）

交易日期	委託書號	股票名稱	交易種類	股數	單價	成交金額	手續費	交易稅	淨收金額(+)淨付金額(-)	自備款搭保品	融資金額保證金	融資利息	融券手續費	標借費	利息代扣稅款
2012/09/05					小計										
09/05	Y0044	[2365]昆盈	資買		10.65										
09/05	W0051	[2365]昆盈	資買		10.70										
09/05	X0121	[2365]昆盈	券賣		11.10										
2012/09/06					小計										
09/06	X0060	[3576]新日光	資買		17.25										
09/06	Y0027	[6145]勁永	現賣		15.40										

圖 7-16
（圖片資料來源：作者提供）

新聞	預約單查詢	委託回報	成交回報	選股
2365 昆盈	10:20:41	券賣 11.10元 成交	股 價金	元
2365 昆盈	09:17:41	資買 10.70元 成交	股 價金	元
2365 昆盈	09:12:01	資買 10.65元 成交	股 價金	元

[更新]

2012 年 09 月 05 日，先連續以融資買進兩筆昆盈，然後以一筆融券全數賣光。賣在漲停板的下一檔。

圖 7-17 　　　　　　　　　　　　　　　　　　　　　（圖片資料來源：作者提供）

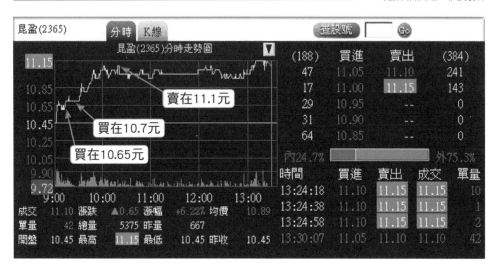

圖 7-18 　　　　　　　　　　　　　　　　　　　　　（圖片資料來源：XQ 全球贏家）

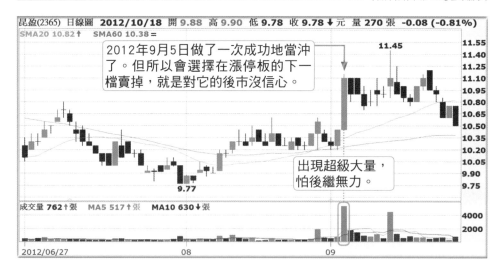

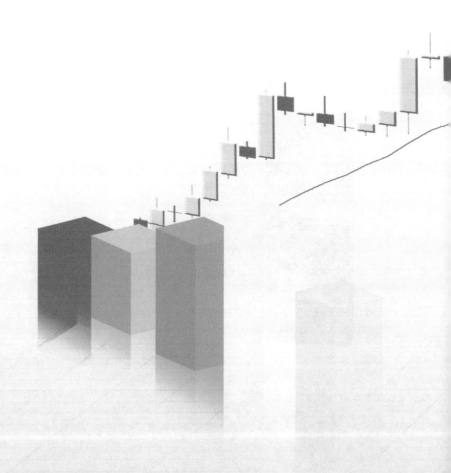

Chapter 8

揭開漲停板的
神秘面紗

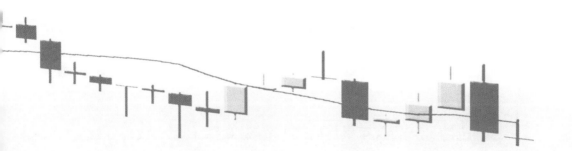

▶ Point *01* 漲停板的機密，全在大戶的魔手上

講了那麼多漲停板的攻防技巧，來到了本篇，也該作一些總結。我要善意地告訴股市新手，現在的股票已和從前不一樣了。用過去的陳舊教材去面對現代多變的風氣，可能會一再地挨巴掌。多少「飽學的」投資專家告訴你的那一套，都只是理論而已。他們並沒有對實際上的狀況有深入「細節」的了解——因為他們多半不「玩」股票，哪能要求他們有「實戰」經驗呢？他們也許對「敵人」（如果散戶把主力當敵人的話）的外貌很熟悉，卻不知道對方心裡在想什麼；他們也許了解敵人的陣營位置和山川河流地理環境，卻不知道沿路有哪些埋伏的地雷和暗流。所以，在股票實務上，是不該問「專家」，而該請教「行家」的。

如果你在這一行長年累月輸錢，就該知道為什麼「技術分析」常常不準。答案是：人為因素太重。人為因素，才是線型會「轉彎」的主因。所以，除了基本面、消息面、心理面、技術面的研究之外，「籌碼面」的深入調查，才是釜底抽薪之最佳良策！

這是我最喜歡的笑話之一：

人人都聽說過福爾摩斯。人人都讀過《福爾摩斯探案》之

類的小說或報導。福爾摩斯是一個古今中外最著名的偵探。在每個故事中，他都處處展現出「偵探」的本領。只要望一眼某個人，他就可把那人一生的狀況說出來。例如：他只要看看對方的手，或者注意到對方頸上一個小疤痕，就馬上可以說出那人曾經當過兵，或在印度住過四年等等諸如此類的結論。也就是說，他是個非常長於判斷的人物。

《福爾摩斯探案》的作者是亞撒‧柯南‧道爾爵士。

有一次，道爾爵士在巴黎。他從火車站走出來，坐上一輛當地的「計程車」，打算要到投宿的旅館去。他到達旅館後，走出汽車，付了錢給司機。

「謝謝你啊，柯南道爾爵士！」那位司機微笑地說。

柯南‧道爾非常驚異。他忍不住問司機：「你怎麼知道我的名字？」

「啊，柯南‧道爾先生是個名人啊！我雖然沒有見過，但我昨天從報上看到，說你要從法國南部到巴黎來。所有的交通工具，應該是坐火車最方便。而你坐的這班車就是從法國南部來的。」

柯南‧道爾又問：「從火車站出來的人那麼多，你怎麼知道是我？」

「因為我注意到你的頭髮是最近剛剛剪過的，那是法國南部理髮師剪髮的風格。」

柯南・道爾又問：「是嗎？那又怎麼知道是我？」

「我觀察你的衣服，尤其是你的帽子，我一看就猜出你是英國人，而且你的西裝形式也說明你的嗜好。」

柯南・道爾又問：「還有呢？」

「還有你說話不徐不緩，是一個經常深思的人，這很符合一個推理小說的作家身分背景。我把這一切綜合起來，馬上就判斷出你是柯南道爾爵士了。」

「真了不起！」柯南道爾說：「就憑這麼少的幾點線索，你真的就能認出我來了嗎？」

「是的。柯南道爾爵士再見！」司機把車門關上，打開玻璃窗後補充地說：「當然…你兩個行李箱上的名字，也給了我一點靈感。」

　　股市的專家們就好比故事中的司機，拐彎抹角了半天，只是賣弄玄虛而已；行家則是一眼就拆穿了。筆者寫書，就是直接告訴你，我是從皮箱上看到名字的。也許你找不到名字是寫在哪兒，而我則是一下子就把謎底揭曉了！從筆者清楚、明白的書中，將可以節省大量的

摸索時間。世界上最聰明的人，是借用別人撞得頭破血流的經驗，做為自己的經驗；世界上最愚蠢的人，是非用自己撞得頭破血流的經驗才叫做「經驗」。所以，多看筆者的書，就可以避免在股市中撞得頭破血流！

▶ Point *02* 沒有三兩三，豈敢上梁山？

2012 年 9 月 24 日左右，有讀者寄來筆者的新書廣告《方天龍實戰秘笈 ❸：你抓得住漲停板嗎？》把我嚇了一跳，書稿還沒送交出去、廣告已經打出來了！大量讀者寫信來洽詢祝賀，真令人慚愧！筆者寫稿，一向嚴謹，務必要求內容有新意、有獨家的見解，否則絕不輕易交稿，因而比原訂計畫出書時間慢了一點。終於在 10 月 9 日把全書交稿了。筆者一直在努力中、進步中，還請讀者不吝指教！

既然是寫漲停板的故事，總要有點本事才能寫吧！於是，次日，也就是2012年9月25日這天，我告訴自己：今天非逮到漲停板不可。果然，筆者在盤中露了一手實戰絕招，一買就是漲停板。於是在盤中就把戰績公布在 Blog（博客）上面。

當天我逮到的這一檔漲停板股票是「華冠」（8101），這是一

檔上櫃公司的電子股，同時是台灣手機股的指標之一，也是台商印度概念股。股本是 41.13 億元。可以信用交易。

　　我喜歡有融資融券的股票，因為要進要出都可以在同一天搞定，極易避險。「華冠」正是如此，它的融資成數是六成，融券成數是九成。

圖 8-1　2012 年 9 月 25 日上午 11 時大盤分時走勢圖　　（圖片資料來源：作者提供）

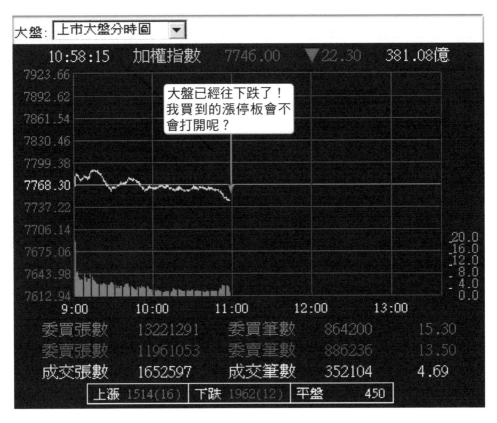

圖 8-2：2012 年 9 月 25 日上午 9 時 53 分「華冠」（圖片資料來源：作者提供）

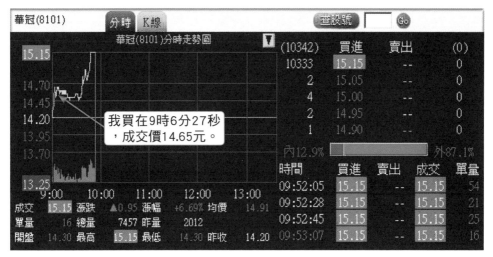

這是我買到的股票，已經漲停板了！

圖 8-3：2012 年 9 月 25 日上午 11 時 27 分「華冠」（圖片資料來源：作者提供）

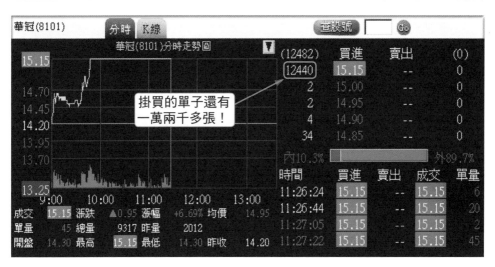

圖 8-1 是當天的大盤走勢，圖 8-2 及圖 8-3 是早上的盤中交易截圖。由於下午 1 時半才收盤，而行情已經在走下坡了，所以當時並不曉得會不會打開漲停板。但 Blog 的文章已經貼出去了。我想，萬一打開（要看是出貨量，還是換手量），我一定會在打開之前用市價（跌停板價）把它軋掉！這就是有融資融券的好處。如果你只用現股買賣，就做不到了。

　　當天是開高走低的型態，可是「華冠」當天非常強勢，不到一個小時就拉漲停了！我也不是在最後幾秒鐘才買到漲停價格的，而是有「先見之明」地在上午 9 時 6 分 27 秒就買到低價（14.65 元）的股票了，而且我買完之後，還被「穿越」到我的買進價格之下，然後才急拉到漲停板的。華冠在不到上午 10 時就已經鎖上漲停板，一直到收盤都沒再打開。

　　這是我的成交回報單，有明確的時間及價位：

圖 8-4　　　　　　　　　　　　　　　　　　　　　　（圖片資料來源：作者提供）

新聞	預約單查詢	委託回報	成交回報	選股

8101 華冠 09:06:27 資買 14.65元 成交　　　　股 價金　　　　元

[更新]

一開盤，我只思考五分鐘就決定買了。成交於 9 時 6 分 27 秒，價格是 14.65 元。果然到 9 時 47 分 48 秒就漲停板了。你……抓得住這樣的漲停板嗎？

圖 8-5

（圖片資料來源：XQ 全球贏家）

8101華冠	個股代碼/名稱：		查詢

股價　重大行事曆　警示資訊

市場別	櫃檯	交易狀況	正常
主管機關警示	正常	撮合作業	正常
單筆預繳單位	0	累計預繳單位	0
融資買進交易	正常	融券賣出交易	正常
融資賣出交易	正常	融券買回交易	正常
融資成數	60%	融券成數	90%

圖 8-6

（圖片資料來源：作者提供）

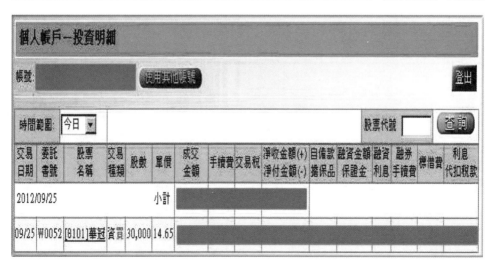

交易日期	委託書號	股票名稱	交易種類	股數	單價	成交金額	手續費	交易稅	淨收金額(+)淨付金額(-)	自備款擔保品	融資金額保證金	融資利息	融券手續費	標借費	利息代扣稅款
2012/09/25		小計													
09/25	W0052	[8101]華冠	資買	30,000	14.65										

個人帳戶－投資明細

帳號：　　　　使用其他帳號　　　　登出

時間範圍 今日　　　　股票代號　　　查詢

圖 8-7 （圖片資料來源：作者提供）

2012/09/26				小計	
09/26	X0191	[8101]華冠	資賣	10,000	15.25
2012/09/27				小計	
09/27	Y0111	[2515]中工	資賣	32,000	8.14
09/27	Y0111	[2515]中工	資賣	22,000	8.14
09/27	X0059	[2538]基泰	資買	27,000	17.85
09/27	X0053	[2538]基泰	資買	45,000	17.80
09/27	W0043	[8101]華冠	資賣	20,000	15.10

華冠於次日先賣10張，隔日再賣剩下的20張。
全部交易是三天過程。
這也算「隔日沖」了！

圖 8-8 （圖片資料來源：XQ 全球贏家）

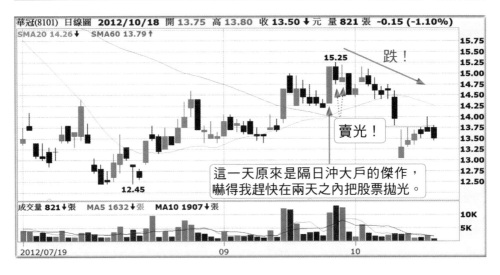

跌！

賣光！

這一天原來是隔日沖大戶的傑作，嚇得我趕快在兩天之內把股票拋光。

隔日沖大戶拉漲停，專佔散戶便宜

圖 8-2 到圖 8-5，9 月 25 日我在「華冠」一役中的買單，那什麼時候賣呢？

我在 9 月 26 日、9 月 27 日兩天就把股票賣光了。

因為我在研究籌碼時發現，這個漲停板是「隔日沖大戶」的傑作！一知道之後，趕快把股票先賣再說。

請看圖 8-8，漲停板之後，走勢不但不佳，還背離期望呢！

前述的資料在 Blog 公布時並未公開我買的張數。事實上，我買的只有 30 張而已。對於「華冠」（810）當天的成交量 10,717 張來說，只是小小散戶而已。14.65 元的股票用融資買 30 張，也不過才動用 17 萬多元的資金而已，這憑的是技術，而不是炒作。一買就是四、五百張，才談得上影響盤面。

現在檢討起來，我當然是賺錢的，但是如果你在 2012 年 9 月 25 日當天看到「華冠」快要漲停板了，才去追買的話，必然追到漲停板的價格，之後賠錢的機會很大！

為什麼呢？真相是這樣的－－

一、這一檔股票當天強勢拉上漲停板，是由於有實力強大的「隔日沖大戶」給予「加持」的結果！我並不認識他們，當天也不知情，

計算籌碼時才研究出來。

正如本篇開筆時，筆者說的故事一樣，柯南道爾爵士對計程司機何以知道他是誰非常好奇。司機拐彎抹角地繞圈子回答都沒說出真相。計程司機其實也可以不說出真相，而筆者就像司機說出最後一句話一樣，直指事情核心。

二、你一定要把功夫練到「百毒不侵」才能自保，因為「隔日沖大戶」對股市的影響是很可怕的。他們把股票拉到漲停板時，引起了相當多散戶的追逐，沒買到股票的悲觀人士覺得遺憾，不追了還好；而沒買到股票的樂觀人士就慘了，因為決定隔天再追。可是，令你想不到的是，次日那些「隔日沖的大戶們」只要有一點點利潤——哪怕是1%，仍然照砍不誤！

由於他們所集合的資金驚人，只要出現他們的殺盤，那天的行情簡直如蝗蟲過境，非死即傷，所以本來該往上發展的線型立刻轉彎向下了，所以，技術分析就被「坑」了！很多人奇怪，明明 RSI 及 KD 值都交叉向上了，怎麼突然風雲變色了？

若散戶此時第二天跟進，剛好成為被「倒貨」的對象！

三、在圖 8-9 中可以發現，隔日沖大戶已改變策略。有時他們也同時掛買、同時掛賣，使得隔一天的行情更加詭譎多變了。例如在「漲停板」15.15 元的價位，他們買 960 張，卻同時賣 202 張，為什麼？

是不是在同一個價位上既「買進」又同時「放空」呢？

一般搞「對敲」或「對作」，多半是「犧牲小我、完成大我」
——犧牲手續費，以讓散戶大眾以為「有成交價」了，從而引誘跟進。

但是，現在為什麼在最後一筆才介入呢？

從前他們只是利用「程式交易」的指標，在某些股票（大部分是
中小型股）快要漲停時，集中火力，一口氣用大資金把股價拉上漲停
板。然後，隔一天行情若好，他們就只賣不買地把前一天所買的股票
全部出掉。如果次日的大盤行情不好，他們只要有 1 ～ 2% 的利潤都
誤砍不誤！所以這樣的股票很容易在漲停板的第二天變成「乏人接
手」的狀況，以致收盤通常比開盤更低。那些跟著買漲停的散戶期望
股價向上飆的夢想就被毀了！

圖 8-9 　　　　　　　　　　　　　　　　　　　（圖片資料來源：XQ 全球贏家）

日期	買進	賣出	買賣總額	差額	差額佔成交比重	
2012/09/25	981	208	1,189	773	7.21%	
	成交單價			買進	賣出	差額
		14.45		0	3	-3
		14.55		3	0	3
		14.70		2	0	2
		14.75		1	2	-1
		14.80		0	1	-1
		14.90		10	0	10
		15.00		5	0	5
		15.15		960	202	758
		平均成本		15.14	15.13	

某位「隔日沖」大戶 2012 年 9 月 25 日在「華冠」股票上
的著墨

▶ *Point* **04** 　 **南仁湖一役奏捷，輕鬆逮到漲停板**

　　現在，我們再來看看筆者在 2012 年 9 月 28 日的交易。這一天我刻意選了一檔上櫃公司的觀光類股買進，那就是「南仁湖」（5905）。「南仁湖」是一檔貿易百貨類股，也是台股觀光百貨指標之一。它同時也是一檔「中概股」（中國概念股）。股本是 21.14 億元，可以信用交易，融資成數：五成、融券成數：五成。

　　當天我總共做了兩種股票的當沖，一開始先買賣「杏輝」（1734）這支化學生技醫療的股票，先後完成買→賣→賣→買等四步驟，然後就逮到「南仁湖」這支漲停板了。我在上午將近 10 時連續買了兩筆「南仁湖」，半個小時之後，於一筆漲停板交易中把它們出清了。也就是當沖賣到漲停板的價格。

圖 8-10　這是筆者 2012 年 9 月 28 日的成交回報單　　　　（圖片資料來源：作者提供）

新聞	預約單查詢	委託回報	成交回報	選股

5905 南仁湖	10:38:51 券	13.05元 成交	股 價金	元
5905 南仁湖	09:58:30 資買	12.65元 成交	股 價金	元
5905 南仁湖	09:57:30 資買	12.65元 成交	股 價金	元
1734 杏輝	09:30:04 資買	29.40元 成交	股 價金	元
1734 杏輝	09:18:27 券	29.60元 成交	股 價金	元
1734 杏輝	09:16:26 券	29.80元 成交	股 價金	元
1734 杏輝	09:06:08 資買	29.20元 成交	股 價金	元

[更新]

圖 8-11 「南仁湖」2012 年 9 月 28 日分時走勢圖 （圖片資料來源：作者提供）

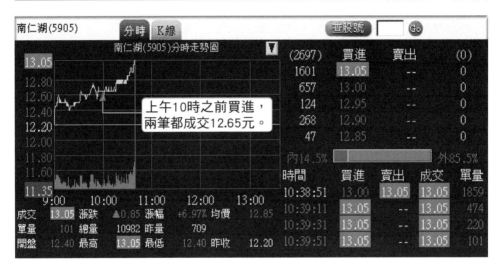

圖 8-12 （圖片資料來源：XQ 全球贏家）

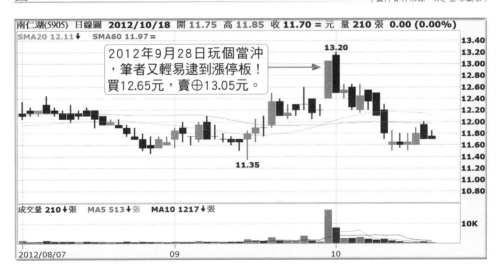

事後，我赫然發現，原來這一檔「南仁湖」的漲停板，也是「隔日沖」大戶的傑作！

他在 2012 年 9 月 28 日買超 998 張（買 1000 張／賣 2 張），卻在次日（2012 年 10 月 1 日），賣超 998 張（買 105 張／賣 1103 張）。等於又把這個漲停板的線型拉下來了。

這樣的隔日沖，大戶賺到了嗎？

依我看，如此的招數越來越不靈了！

根據筆者的研究，他們這天的戰績是失敗的。

因為第一天買股的成本是 13.05 元，第二天賣價卻是 12.82 元。約略計算了一下，這次的隔日沖，他們總共賠了 20 多萬元！

隔日沖大戶 VS. 當沖散戶，還是散戶技高一籌！

平心而論，隔日沖對整個盤面的貢獻，還是不小的。雖然我趣稱他們為「專吃散戶的豆腐」，但對他們勇於介入，並提供了股市的熱能和活力，心中仍然敬佩不已！如果不是他們，筆者也無法在盤面上發現強勢股！這還是拜他們之賜！

值得一提的是，他們是用真金白銀去搏的，為此特別令人肅然起敬。

▶ *Point* **05**　殺雞用牛刀，很搞笑的一張走勢圖

那麼，什麼樣的主力是「玩假的」呢？

抓一檔股票瞧瞧！

圖 8-13　　　　　　　　　　　　　　　　　　　　　（圖片資料來源：XQ 全球贏家）

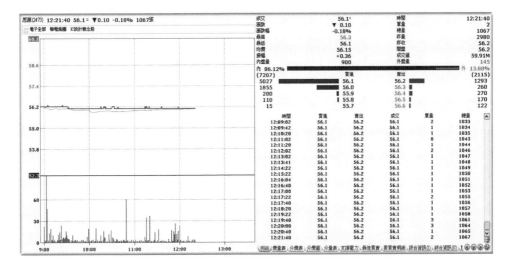

　　圖 8-13，這一檔股票叫做「思源」（2473），是聯電集團的電子股，也是一檔 IC 設計概念股。它的股本不算大，只有 20.73 億元。但是在成交量僅一、兩千張的情況下，在它的「最佳五筆買賣」中，卻有驚人的數字。

　　請看，當天思源在盤中（中午 12 時 21 分）的最佳五筆買盤總

共掛了 7,207 張，最佳五筆賣盤也掛了 2,115 張。

這是不是太離譜、太誇張了？

再看它的當日分時走勢圖，是不是顯得平靜無波？

這才是真正吃散戶的豆腐。

因為如果按照排隊的話，在你準備賣 56.2 元的時候，擋在你前面的有 1,293 張；而當你想買 56.1 元價格的時候，卻有 5,027 張擋在你前面。所以，最佳的兩筆買賣盤都動彈不得。要賣的時候，你得用市價賣，但你有股票嗎？要買的時候，你也得用更高價買，你不怕被套嗎？

所以，碰到這樣的股票是不是覺得挺窩囊的？ 股市真是無奇不有！這樣的「人為干擾」也太搞笑了吧！

▶Point *06* **大量突破前波高點，昇陽科直奔漲停**

在經驗值裡，「昇陽科」（3561）是一檔常常被「隔日沖」大戶玩的標的物之一。以 2012 年 8 月 21 日的走勢來看，當天的大盤走勢平平，但「昇陽科」卻是在上午 10 時 19 分被拉上漲停。

圖 8-14　2012 年 8 月 21 日的「昇陽科」分時走勢圖 （圖片資料來源：XQ 全球贏家）

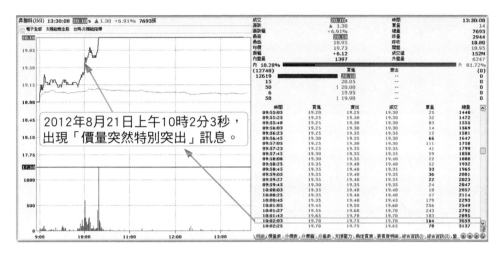

　　我們來看看這檔股票在被拉上漲停板之前，有什麼特徵：

　　一、第一波，大約在上午 9 時 6 分左右，股價被拉上 19.35 元，經過將近一小時的盤整期，在上午 9 時 58 分左右就再度挑戰前波高點，且量能釋出而股價向上了，終於突破前波高點！

　　二、上午 10 時 2 分 3 秒，股票專業軟體顯示了「價量突然特別突出」的訊息。這個訊息的意思是：最近五分鐘漲幅領先大盤 2%，且這五分鐘內有出現五筆以上成交量超過 100 張以外盤價成交者。

　　但是，出現此一訊息的時候，已經是由多筆大單外盤成交，改為內盤成交了。成交價在 19.7 元，當時漲幅為 4.79%、總成交量為 3059 張。

三、「昇陽科」前一天的總成交量才 2,944 張,這時的 3,059 張即已超越昨日總成交量,而股價是向上的。可見得主力作多的心思濃厚。

圖 8-15　2012 年 8 月 21 日的「昇陽科」分時走勢圖　(圖片資料來源:XQ 全球贏家)

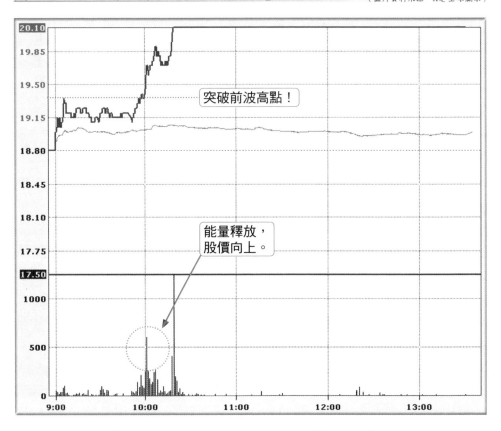

四、回顧「昇陽科」2012 年 8 月 21 日的日 K 線圖,可以發現:它的成交量、RSI、MACD、寶塔線、KD 值都在翻紅中。

図 8-16

（圖片資料來源：XQ 全球贏家）

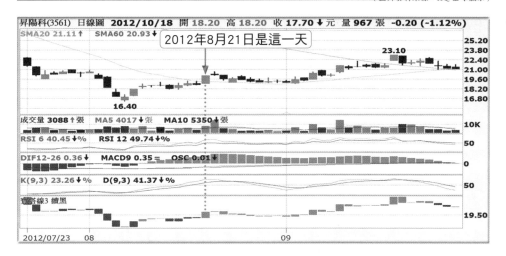

五、「昇陽科」在 8 月 16 日、20 日、21 日，都創下「股價當天新高」紀錄。21 日還出現了「外盤暴增股」訊息。這個「外盤暴增股」訊息的意思是：五日均量大於兩千張，內外盤比大於 2，內外盤比大於五日均值的 1.5 倍，前一分鐘漲幅大於 1%。

六、從消息面來說，8 月 13 日，該公司有董監質設異動公告：

表 8-1

公司	設質人身份	設質人姓名	設質張數	解質張數	累積張數	質權人
厚生	監察人	徐正冠	900	0	2,890	合庫票券金融
中信金	董事長法人代表人	辜濓松	0	17,000	503,906	大眾商銀台北
昇陽科	副總經理配偶	許妙惠	436	0	1,298	玉山銀行敦南
亞翔	董事長法人代表人	姚祖驤	1,700	0	3,150	中國信託敦北

七、從新聞面來看，昇陽科在 2012 年 8 月 6 日至年 8 月 10 日止有價格波動過度劇烈之情事，依規定自 8 月 13 日起降低融資比率一成及提高融券保證金一成。所以，8 月 21 日「昇陽科」股票的資券規定是：融資自備款五成，融券的成數則和現股一樣。

圖 8-17 （圖片資料來源：XQ 全球贏家）

3561 昇陽科	個股代碼/名稱：		查詢
股價　重大行事曆　警示資訊			
市場別	集中	交易狀況	正常
主管機關警示	正常	撮合作業	正常
單筆預繳單位	0	累計預繳單位	0
融資買進交易	正常	融券賣出交易	正常
融資賣出交易	正常	融券買回交易	正常
融資成數	50%	融券成數	100%

　八、經過 2012 年 8 月 21 日的盤後籌碼追蹤，可以明顯發現，「昇陽科」股票當天被某一位 A 大戶，用一筆 1,044 張的大量張數，以漲停板價格（20.1 元）買進，乃至當天股價收盤正是漲停板。這一筆股票就佔了總成交比重，高達 13.55%，可見其影響力！

　除了以上的 A 大戶以外，另有一位 B 大戶，當天也同步大量買進 744 張，達總成交比重 9.67%（19.85 元買進 101 張，19.95 元買

進 140 張，漲停板 20.1 元買進 497 張）。

　　想想看，光是這兩位大戶的買單，就佔了 23.22％的成交比重。這個漲停板是不是「人為的力量」造成的？道理非常明顯。

　　九、當隔日沖大戶在買進股票之後的第二天出貨，它的走勢多半偏空，以開高拉高再摜下的走勢最常見。最明顯的特徵是：少買多賣（買的部分也軋掉了，所以他們選擇的股票必是可以融資融券的）、量滾量。比較第一、第二天的成交量，第二天明顯多於首日。

　　圖 8-18，是 2012 年 8 月 22 日的「昇陽科」分時走勢圖，可以說是「蝗蟲過境」的最經典走勢！

圖 8-18 2012 年 8 月 22 日的「昇陽科」分時走勢圖 （圖片資料來源：XQ 全球贏家）

▶ *Point* **07** 買漲停明天就賣掉，一定獲利嗎？

　　在筆者的研究中，隔日沖大戶目前確實是市場最強勢的團隊。他們的成員據說與外人不太來往，經常開會，也很努力於研究股票。依筆者的揣摩，他們的選股邏輯不完全是找「快要漲停的股票」介入，而是有鎖定一些在線型上比較有利的股票。例如，KD 值交叉向上等等，而不是胡亂選股的。

　　這種 KD 值交叉向上的股票，經過一般主力拉抬後，原本是更值得投資。然而，隔日沖大戶卻是在第二天就把利益全收割了回去，把線型又弄壞。所以，基本上這種做法對於多頭股市並沒有什麼助益。

　　至於他們這樣「今天買漲停，明天有賺就出，不賺也非出不可」的做法，究竟好不好呢？對他們自己的獲利有沒有幫助呢？這是不是投資股票最棒的絕招呢？筆者也另外從某一檔個股去做了評估。

　　政府在股市不佳時，常以「不干預市場為主」不加護盤，但在抓主力的態度上卻非常積極。在自從有了「禿鷹集團」的貪污方法後，官員的心態，和早年比起來確實明顯是比較偏空的。

　　這也是一般股民賺錢不易的真正原因之一，因為股民泰半作多。一旦多頭主力被抓光，市場也就沒動能了。這絕非筆者所樂見。筆者僅做研究，無意擋人財路，故主力大戶的身分均將隱去，請諒解。

表 8-2：追蹤 A 大戶對某一檔股票隔日沖紀錄評估

周期	日期	買賣動作	均價	戰果	收盤價	當日漲幅	SMA20/SMA60	成交量	融資	融券
近期第1次隔日沖	2012/1/4	買進260張	30.91	賠錢	30.25	4.49%	28.76/27.98	10,981	26,629	7,577
	2012/1/5	賣出263張	30.44		30.1	-0.5%	28.94/27.92	5,999	26,305	7,628
近期第2次隔日沖	2012/2/1	買進563張	35.78	獲利	35.8	6.87%	30.44/27.83	14,780	25,690	5,997
	2012/2/2	賣出77張	38.2		38.3	6.98%	30.83/27.97	17,710	26,989	5,938
	2012/2/3	賣出500張	38.87		38.65	0.91%	31.29/28.14	18,474	26,390	4,972
近期第3次隔日沖	2012/4/11	買進556張	37.73	獲利	37.8	6.93%	36.28/36.13	14,382	28,050	4,279
	2012/4/12	賣出552張	38.44		38	0.53%	36.32/36.26	14,826	28,717	4,017
近期第4次隔日沖	2012/5/4	買進134張	34.16	賠錢	34.2	6.88%	34.98/36.6	7,306	25,325	699
	2012/5/7	賣出127張	33.43		33.2	-2.92%	34.88/36.51	2,866	25,196	481
近期第5次隔日沖	2012/8/21	買進556張	20.09	獲利	20.1	6.91%	19.21/25.78	7,697	36,227	1,695
	2012/8/22	賣出552張	20.44		20.2	0.50%	19.21/25.58	14,306	30,901	1,926

表 8-3：追蹤 B 大戶對某一檔股票隔日沖紀錄評估

周期	日期	買賣動作	均價	戰果	收盤價	當日漲幅	SMA20/SMA60	成交量	融資	融券
近期第1次隔日沖	2011/10/7	買進1279張	31.25	獲利	31.25	6.84%	30.06/43.16	5,423	23,737	2,859
	2011/10/11	賣出1280張	31.73		32.55	4.16%	29.96/42.68	13,132	24,664	3,032
近期第2次隔日沖	2011/11/29	買進1254張	23.9	獲利	23.9	6.94%	25.31/29.23	2,663	22,092	2,383
	2011/11/30	賣出83張	24.87		25.55	6.9%	25.15/29.04	12,232	21,626	3,611
	2011/12/1	賣出1173張	27.3		27.3	6.85%	25.07/28.91	3,043	21,677	3,416
近期第3次隔日沖	2011/12/6	買進443張	27.04	賠錢	25.85	2.17%	24.61/28.47	10,390	23,039	4,421
	2011/12/7	賣出450張	26.48		27	4.45%	24.58/28.38	9,655	23,622	5,234
近期第4次隔日沖	2011/12/9	買進287張	28.05	獲利	28.4	6.97%	24.84/28.3	9,441	24,419	5,644
	2011/12/12	賣出295張	28.88		28.4	平盤	24.98/28.26	17,927	25,601	6,743
近期第5次隔日沖	2011/12/22	買進656張	30.5	獲利	30.5	6.83%	26.61/28.04	11,364	26,115	7,377
	2011/12/23	賣出646張	31.63		31.1	1.97%	27.06/28.06	19,035	25,730	7,797
近期第6次隔日沖	2012/1/4	買進296張	30.94	賠錢	30.25	4.49%	28.76/27.98	10,981	26,629	7,577
	2012/1/5	賣出294張	30.42		30.1	-0.5%	28.94/27.92	5,999	26,305	7,628
近期第7次隔日沖	2012/2/1	買進839張	34.09	獲利	35.8	6.87%	30.44/27.83	14,780	25,690	5,997
	2012/2/2	賣出48張	38.23		38.3	6.98%	30.83/27.97	17,710	26,989	5,938
	2012/2/3	賣出778張	38.99		38.65	0.91%	31.29/28.14	18,474	26,390	4,972

周期	日期	買賣動作	均價	戰果	收盤價	當日漲幅	SMA20/SMA60	成交量	融資	融券
近期第8次隔日沖	2012/4/11	買進335張	37.8	獲利	37.8	6.93%	36.28/36.13	14,382	28,050	4,279
	2012/4/12	賣出341張	38.42		38	0.53%	36.32/36.26	14,826	28,717	4,017
近期第9次隔日沖	2012/5/4	買進196張	34.11	賠錢	34.2	6.88%	34.98/36.6	7,306	25,325	699
	2012/5/7	賣出204張	33.59		33.2	-2.92%	34.88/36.51	2,866	25,196	481
近期第10次隔日沖	2012/8/9	買進69張	17.79	獲利	18.2	6.74%	20.92/27.5	4,515	35,713	1,040
	2012/8/10	賣出71張	18.5		18.6	2.2%	20.59/27.3	7,247	35,251	1,125
近期第11次隔日沖	2012/8/21	買進744張	20.03	獲利	20.1	6.91%	19.21/25.78	7,697	36,227	1,695
	2012/8/22	賣出729張	20.53		20.2	0.5%	19.21/25.58	14,306	36,901	1,926

圖 8-19　A、B大戶在某一檔股票的合作時點 （圖片資料來源：XQ 全球贏家）

一般 A、B 大戶在買進股票當天,大部分都是以買進為主的;在賣出股票當天,也大部分都是以賣出為主的。

但是,有時也有例外。

例如某一天買氣十分疲軟,股票不好賣。那麼大戶如何因應呢?

那便是邊拉邊出或買少賣多。既然是「隔日沖」,那為什麼第二天還要買股票呢?

那是為了「帶動買氣」,引人入穀,自己才好脫身!

舉例來說,在 B 大戶第 11 次的「隔日沖」戰役中,其實他是這樣做的(見表8-4):

表 8-4

成交單價	買進	賣出	差額
20.10	0	1	-1
20.15	0	1	-1
20.25	3	0	3
20.30	3	0	3
20.35	15	0	15
20.40	185	294	-109
20.45	97	157	-60
20.50	0	50	-50
20.55	0	77	-77
20.60	2	266	-264
20.70	0	188	-188
平均成本	20.41	20.53	

► *Point* **08** 主力最隱密出貨手法：少買多賣滾量

表 8-4，可看到大戶的操作手法：他在 20.4 元，假裝大量買進，以吸引跟進的散戶買盤。而他自己其實是買 185 張、賣 294 張，這一筆就趁機出掉 109 張了；他又在 20.45 元的價位，一樣假裝大量買進，其實是買 97 張、賣 157 張，這一筆就又趁機出掉了 60 張。但 20.5 元起人氣一來，他就不買了，只連續在 20.5 元、20.55 元、20.6 元、20.7 元的價位分別出掉 50 張、77 張、264 張、188 張。

故若仔細推敲，該大戶第二天買的均價是 20.41 元，這有如職棒的「犧牲打」，雖然賺得不多，但目的在掩護賣掉昨日低成本（平均價位才 20.03 元）的股票！最後，把前述的 A、B 兩大戶幾次時間相同的戰役並列觀察；

表 8-5：A、B 兩大戶首次合作：

A大戶隔日沖	2012年1月4日	買進260張	30.91	賠錢	30.25	4.49%	28.76/27.98	10,981	26,629	7,577
	2012年1月5日	賣出263張	30.44		30.1	-0.5%	28.94/27.92	5,999	26,305	7,628
B大戶隔日沖	2012年1月4日	買進296張	30.94	賠錢	30.25	4.49%	28.76/27.98	10,981	26,629	7,577
	2012年1月5日	賣出294張	30.42		30.1	-0.5%	28.94/27.92	5,999	26,305	7,628

表 8-6：A、B 兩大戶第 2 次合作：

A大戶 隔日沖	2012年 2月1日	買進 563張	35.78		35.8	6.87%	30.44 /27.83	14,780	25,690	5,997
	2012年 2月2日	賣出 77張	38.2	獲利	38.3	6.98%	30.83 /27.97	17,710	26,989	5,938
	2012年 2月3日	賣出 500張	38.87		38.65	0.91%	31.29 /28.14	18,474	26,390	4,972
B大戶 隔日沖	2012年 2月1日	買進 839張	34.09		35.8	6.87%	30.44 /27.83	14,780	25,690	5,997
	2012年 2月2日	賣出 48張	38.23	獲利	38.3	6.98%	30.83 /27.97	17,710	26,989	5,938
	2012年 2月3日	賣出 778張	38.99		38.65	0.91%	31.29 /28.14	18,474	26,390	4,972

表 8-7：A、B 兩大戶第 3 次合作：

A大戶 隔日沖	2012年 4月11日	買進 556張	37.73	獲利	37.8	6.93%	36.28 /36.13	14,382	28,050	4,279
	2012年 4月12日	賣出 552張	38.44		38	0.53%	36.32 /36.26	14,826	28,717	4,017
B大戶 隔日沖	2012年 4月11日	買進 335張	37.8	獲利	37.8	6.93%	36.28 /36.13	14,382	28,050	4,279
	2012年 4月12日	賣出 341張	38.42		38	0.53%	36.32 /36.26	14,826	28,717	4,017

表 8-8：A、B 兩大戶第 4 次合作：

A大戶 隔日沖	2012年 5月4日	買進 134張	34.16	賠錢	34.2	6.88%	34.98 /36.6	7,306	25,325	699
	2012年 5月7日	賣出 127張	33.43		33.2	-2.92%	34.88 /36.51	2,866	25,196	481
B大戶 隔日沖	2012年 5月4日	買進 196張	34.11	賠錢	34.2	6.88%	34.98 /36.6	7,306	25,325	699
	2012年 5月7日	賣出 204張	33.59		33.2	-2.92%	34.88 /36.51	2,866	25,196	481

表 8-9：A、B 兩大戶第 5 次合作：

A大戶 隔日沖	2012年 8月21日	買進 556張	20.09	獲利	20.1	6.91%	19.21 /25.78	7,697	36,227	1,695
	2012年 8月22日	賣出 552張	20.44		20.2	0.50%	19.21 /25.58	14,306	30,901	1,926
B大戶 隔日沖	2012年 8月21日	買進 744張	20.03	獲利	20.1	6.91%	19.21 /25.78	7,697	36,227	1,695
	2012年 8月22日	賣出 729張	20.53		20.2	0.5%	19.21 /25.58	14,306	36,901	1,926

筆者對隔日沖大戶的評述：

一、以上的紀錄，都是標準的「隔日沖」，今天買多少數量的股

票,明天就賣多少數量的股票。表中的數字,買與賣的「對價關係」未必一張不差,是因為在統計時有時也會摻雜著知情而來「插花」的小戶,或該大戶的「關係人」搭順風車。基本上,即使張數略有差異,仍算是「隔日沖」。

二、在表中,如 2012 年 5 月 4 日買進,為何 5 月 7 日才賣出?因為 5 月 4 日是星期五,其後是兩個連續休市日,所以只能在 5 月 7 日星期一時賣出。其他相同情況的均可類推。

至於表中部分資料之所以會有為期三日的交易統計,是因為第二天沒賣完,或者是由於價格不好、賣了會賠錢,所以不賣;或者是由於價格太好捨不得出掉(通常是已經漲停板鎖死了),大戶臨時作了變通,改在第三天繼續賣光為止。

這樣的做法,雖然全程已達三天,仍算是「隔日沖」。

三、兩大戶同步操作一檔股票時,勝負的命運都差不多。例如 2012 年 1 月 4 日~1 月 5 日的「隔日沖」、2012 年 5 月 4 日~5 月 7 日的「隔日沖」之役中,A、B 兩大戶都是賠錢的;其他日期都賺錢,A 大戶獲利、B 大戶也一樣獲利。

四、從牛頓的「運動」定律來看,在股市大多頭時期,買漲停的股票隔一天繼續開高,我們選擇高點獲利了結,這原本是合理的、有效的。但是,這一招在賣壓極大的次一日就有「雪上加霜」的效應。

同時，目前資深的投資人也都慢慢知悉了（已有雜誌媒體將他們的團隊曝光了）。所以，已經吃不開了。尤其有些實力較大的投資機構或法人可以利用他們第二天出貨的同時把籌碼接走，連拉幾個漲停板，亦不無可能。

　　某些自作聰明想在他們掠奪而去的第二天趁勢落井下石似的放空者，就很可能被軋空了！

　　五、所謂「狹路相逢，勇者勝」，我們也可以改為「渾沌亂世，智者贏」！

　　好好把股市的「武功」學好，不論股票怎麼變化、人事如何變遷，我們走到哪裡都不怕！

　　在本書結束之前，容筆者向購買本書的讀者再度致謝！

· 國家圖書館出版品預行編目資料

方天龍實戰秘笈系列3：你抓得住漲停板嗎？	/方天龍 著.
-- 臺北市：	恆兆文化，2012.10
288面； 17公分×23公分	（方天龍實戰秘笈系列；3）
ISBN 978-986-6489-39-6 （平裝）	
1.股票投資 2.投資技術 3.投資分析	
563.53	101018715

方天龍實戰秘笈系列 3：

你抓得住漲停板嗎？

出 版 所	恆兆文化有限公司
	Heng Zhao Culture Co.LTD
	www.book2000.com.tw
發 行 人	張正
作 者	方天龍
封 面 設 計	尼多王
責 任 編 輯	文喜
插 畫	韋懿容
電 話	＋886-2-27369882
傳 真	＋886-2-27338407
地 址	台北市吳興街118巷25弄2號2樓
	110,2F,NO.2,ALLEY.25,LANE.118,WuXing St.,
	XinYi District,Taipei,R.O.China
出 版 日 期	2012/10初版
I S B N	978-986-6489-39-6(平裝)
劃 撥 帳 號	19329140 戶名 恆兆文化有限公司
定 價	399元
總 經 銷	聯合發行股份有限公司 電話 02-29178022

特別銘謝：
本書採用之技術線圖與資料查詢畫面提供：
嘉實資訊股份有限公司

網址：http://www.xq.com.tw